Georg Steinhausen, Adolf Bartels, Hans Boesch, Paul Drews,
Theodor Hampe, Franz Heinemann, Georg Liebe, Ernst
Mummenhoff, Hermann Peters, Emil Reicke, Georg
Steinhausen

Monographien zur deutschen Kulturgeschichte

Georg Steinhausen, Adolf Bartels, Hans Boesch, Paul Drews, Theodor Hampe, Franz Heinemann, Georg Liebe, Ernst Mummenhoff, Hermann Peters, Emil Reicke, Georg Steinhausen

Monographien zur deutschen Kulturgeschichte

ISBN/EAN: 9783743666689

Hergestellt in Europa, USA, Kanada, Australien, Japan

Cover: Foto ©ninafisch / pixelio.de

Weitere Bücher finden Sie auf **www.hansebooks.com**

General-Register

zu den Nachbildungen der Kupfer und Holzschnitte aus
Deutsches Leben der Vergangenheit in Bildern
und
Monographien zur deutschen Kulturgeschichte

Mit Anhang:
Textregister zu den Monographien

Verlegt bei Eugen Diederichs in Jena 1909

Dieses Register behandelt folgende Bände:

Atlas Bd. I Das Zeitalter des Humanismus

„ „ II Das Zeitalter der Aufklärung

Monographie I G. Liebe, der Soldat

„ II G. Steinhausen, der Kaufmann

„ III H. Peters, der Arzt

„ IV F. Heinemann, der Richter

„ V H. Boesch, das Kinderleben

„ VI A. Bartels, der Bauer

„ VII E. Reicke, der Gelehrte

„ VIII E. Mummenhoff, der Handwerker

„ IX E. Reicke, der Lehrer

„ X Th. Hampe, die fahrenden Leute

„ XI G. Liebe, das Judentum

„ XII P. Drews, der ev. Geistliche

I. Künstler-Verzeichnis

Die mit einem * versehenen Blätter sind Holzschnitte, die übrigen Kupfer. Die Ziffern I bis XII beziehen sich auf die einzelnen Bände der Monographien; der erste Band des Atlas ist mit A, der zweite mit B bezeichnet.

Abkürzungen:

A. — Andresen, Der deutsche Peintre-graveur. 5 Bände. Leipzig 1864—78.
B. — Bartsch, Adam, Le peintre-graveur. 21 Bände. Wien und Leipzig 1803—21.
LB. — Le Blanc, Charles, Manuel de l'amateur d'estampes. 4 Bände. Paris 1854—88.
Mey. — Meyer, Julius, Allgemeines Künstler-Lexikon. 3 Bände. Leipzig 1872—85.
NKl. — Nagler, G. K., Allgemeines Künstler-Lexikon. 22 Bände. München 1835—52.
NM. — Nagler, G. K., Die Monogrammisten. 5 Bände. München 1858—81.
P. — Passavant, J. D., Le peintre-graveur. 6 Bände. Leipzig 1860—64.

		Kunsthandbücher	Standort
Abel, Josef	Wien 1768—1818. NKl. I 5, LB. I 2, Mey. I 20.		
	Krönungszug Leopolds II. in Frankfurt 1790		B 1403
Adam, Jacob	Wien 1748—1808. NKl. I 15, LB. I 3, Mey. I 61.		
	Wiener Kammerjungfer	Mey. 106	B 1740
	Wiener Köchin		B 1741
	Wiener Stubenmädchen		B 1742
Aeken, Hieronymus van s. Bosch.			
Aldegrever, Heinrich	Soest 1502—1555. B. VIII 362, P. IV 103, Mey. I 239.		
	Jonadab und Amnon	B 22	A 517
	Absalom tröstet Thamar	B 25	A 519
	Amnons Tod	B 27	A 518
	Tanzende Paare	B 144—159	A 521—536
	Vornehmes Paar ... ... ·... ...	B 169	A 520
	Albert von der Helle	B 186	A 322
	Heinrich Aldegrever	B 188	A 443
	Alphabet mit Genien	B 250	IX 82
	Kinderfries	B 262	V 142
	Kindergruppe	B 267	V 143
Altdorfer, Albrecht	Regensburg 1480—1538. B. VIII 41, P. III 301, NM. I 87, LB. I 30, Mey. I 547.		
	Der Landsknecht	B 49	I 28
	Landsknecht-Pfeifer	Mey. 65 a	A 894
	Landschaft mit Fichten	B 70	II 4
	*Pyramus und Thisbe	B 61	A 495
	*Sitzendes Liebespaar	B 63	A 481

		Kunsthandbücher	Standort
Altdorfer, Erhart	Schwerin 1512—1570. P. IV 46, NM. II 1495, Mey. I 553.		
	*Äußeres Burgtor in Lübeck		II 32
	*Stadttorbefestigung in Lübeck..		A 850
Altzenbach, Gerhard	Kunstverleger Cöln 1609—1672. LB. I 33, Mey. I 564.		
	Allegorie auf das Borgen		II 101
	Zurückzahlen der Schulden.		II 102
	Eintreiben der Schulden		II 103
	Der behülfliche Lehnard		B 1111
	Der billige Burghardt		B 1112
	Der sorgfältige Mahnhart..		B 1113
	Die Lebensalter		B 1093, 1094
	Mars ist nun im Ars..		B 1067
	Katz im Sack..		B 1114
	Geiger Georg Bausse		B 1243
Amman, Hans	In Nürnberg im 17. Jahrhundert tätig. A. IV 285.		
	Possenreißer Leberwurst.	A. 1	B 1224
Amman, Johann	Schaffhausen 1670—1720. Mey. I 651.		
	Bildnisse Züricher Prediger.	Mey. 2	XII 78
Amman, Jost	Nürnberg 1539—1591. A. I 99, Mey. I 639		
	Bayrische Fürstenpaare	A 15	A 754, 755
	Gerichtssitzung	A 37	IV 58
	Lager vor einer feindlichen Stadt.. ..	A 44	A 912
	Erstürmung einer Stadt	A 52	I 104
	Truppenzug auf dem Marsch.	A 54	I Beil. 4
	Verschanztes Lager mit Rondellen ..	A 62	I 80
	Feuerwerk zu Ehren Maximilians II ..	A 70	B 1286
	Fischfang und Wachtelfang	A 88, 89	A 810, 813
	Hirschjagd	A 90	A 828
	Die Musik. Die Künste	A 101, 102	A 431, 434
	Die Schule	A 105	IX 52
	Die Fechtenden	A 111—118	X 79; A 707; VIII 98; A 706, 708; VI 100
	Zweikämpfe der Handwerker	A 119—129	VIII; VIII 88, 89, 90—94, 99; A 701, 700
	Das Narren=Taubenhaus	A 195	B 1104
	*Das Turnier in Wien	A 69	A 723
	*Die Ehebrecherbrücke..	A 73	A 540
	*Allegorie des Handels	A 81	II 53, 54, 56, 57, Beil. 6
	*Vergleichung der Uhren	A 82	A 569
	*Fronspergers Kriegsbuch..	A 226	I 43, 44; III 36; A 909—911

		Kunſtbandbücher	Standort
Amman, Joſt	*Beſchreibung aller Stände	A 231	II 25, 26; III 71, 86; IV 73; VI 92, 93; VIII 47 —58; X 75; XI 19, 20; A 684 —695, 822, 823
	*Frauen-Trachtenbuch	A 233	A 585—588
	*Weigels Trachtenbuch	A 234	II 74, 95; VIII 97
	*Das Kartenſpielbuch	A 235	X 38; A 636— 638
	*Das Kunſt- und Lehrbüchlein..	A 237	I 76, 77
	*Das Adelich Weydtwerck..	A 242	A 829, 831
	*Jag vnd Weidtwerck	A 243	A 824—827
	*Fugger, Geſtüterey	A 245	A 830
	*Figuren der Reutterey	A 246	I 75
	*Paracelſus, Wund vnd Artzney	A 250	III 88
	*Liebe und Tod	Becker 99, 41	A 448
	*Sitzendes Liebespaar		A 478
	*Elephant mit Führer..		X 112
	*Luther und andere Reformatoren.. ..		XII 19
Annert, Friedrich Albert	Nürnberg 1759—1800. LB. I 48, Mey. II 78.		
	Die Hallerwieſe bei Nürnberg	Mey. 13	B 1533
Anthony Form- ſchneyder	Augsburg um die Mitte des 16. Jahrhunderts.		
	*Klagelied dreier Handwerker..		VIII Beil. 11
	*Klage der Mägde		A 173
	*Bärenführerin		X 30
	*Der Naſentanz		A 641
Aubry, Abraham	Straßburg u. Frankfurt a. M. 1635—1682. NKl. I 185, LB. I 65, Mey. II 377.		
	Die ſcheintote Frau Richmuth	Mey. 7	III 145
	Der alte Markt in Cöln	Mey. 13	II 85
	Sitzung des Rats von Cöln	Mey. 14	B 1421
	Der Geldteufel		II 90
	Seltſame Vorſpiele des Eheweſens ..		B 1101
Azelt, Johann	Nürnberg 1654—1692. NKl. I 201, LB. I 114, Mey. II 495.		
	Jagd auf Wildſchweine in Dresden ..		B 1303
	Tierkampf in Dresden		B 1305
Bäck, Elias	Augsburg 1679—1747. NKl. I 222, LB. I 118, Mey. II 534.		
	Der ſterbende Salzburger Emigrant ..		XII 85
	Die Salzburgerin Sara Kamlin		V 105
	Soldaten-Einquartierung..		I 148, 149

1*

		Kunsthandbücher	Standort
Bäck, Elias	Ochsenbraten bei der Krönung in Frankfurt		B 1400
	Hirschjagd bei Alla	Mey. 21	B 1547
	Damenkaruffell bei Fürstenried	Mey. 21	B 1549
	Ehrenpforte in der Jakobskirche	Mey. 25	XII 83
	Großer Backofen zu Zeithain		B 1328
	Tierischer Menschenfreffer		X 110
	Jude Nathan Hirschel		XI 87
	Der Schnupfer		B 1173
	Ein Hanswurst		B 1228
	Karikatur auf den Kavalier zu Pferd		B 1562
	Il Callotto resuscitato		B 1168—1172, 1174, 1175
de Baen, Jan	Haag 1633—1702. NKl. I 223, LB. I 118, Mey. II 536.		
	Brand des Rathauses in Amsterdam 1652		B 1367
Baldung, Hans (Grün)	Straßburg 1480—1545. B.VII 301, P. III 318, NM. III 944, Mey. II 617.		
	Pferd und Pferdeknecht	B 2	A 725
	*Der trunkene Silen	B 45	A 607
	*Zwei Mütter	B 46	V 25
	*Der Koch mit dem Hasen	B 47	A 576
	*Aristoteles und Phyllis	B 48	A 468
	*Die zehn Gebote	B 49—54	I 61; II 80; IV 40; V 55; A 233, 306, 487
	*Die Hexen	B 55	A 386
	Die Hexen. Kopie in Kupfer		A 387
	*Beißende Pferde	B 56	VI 32
	*Schlafender Stallknecht	P 76	A 726
	*Bildnis des Joh. Rudalphingius	P 78	A 321
	*Allegorie auf die erkaufte Liebe	P 282	A 465
	*Titelbordüre mit Luther und Hutten		A 349
Balzer, Johann	Prag 1738—1799. NKl. I 247, LB. I 135, Mey. II 661.		
	Johann Amos Comenius	Mey. 15	IX 100
	Eine Dame läßt sich frisieren		B 1584
Balzer, Mathias	Bruder des Vorigen und mit ihm gemeinschaftlich tätig. Mey. II 664.		
	Rattengifthändler nach Dietrich	Mey. 2	B 1061
Bartsch, Johann Gottfried	Berlin um 1674—1684. LB. I 183, Mey. III 77.		
	Huldigung für den großen Kurfürsten in Königsberg		B 1417

	Kunstbandbücher	Standort
Bause, Johann Friedrich — Leipzig 1738—1814. NKL. I 330, LB. I 203, Mey. III 158.		
Bildnis des Joh. Joach. Winckelmann	Mey. 205	VII 127
Beck, Leonhard — Augsburg 1503—1542. NM. IV 942, B.VII 226, Zeitschr. f. bild. Kunst 1887, S. 225.		
*Illustrationen zum Weißkunig		IX 37, 58; A 818
Beger, Lorenz — Berlin, Frankfurt a. M. 1663—1735. NKL. I 370, LB. I 233, Mey. III 308.		
Auszug zur Jagd		B 1492
Jagdkarosse mit Damen		B 1493
Falkenjagd		B 1494
Bärenjagd		B 1495
Beham, Barthel — Nürnberg 1502—1540. B. VIII 81, P. IV 68, Mey. III 311.		
Mutter und Kind am Fenster	B 8	V 28
Kind und vier Totenköpfe	B 28	A 449
Landsknecht mit Kelchglas	B 45	A 895
Bauer mit Mistgabel	B 46	VI 118
Bauerfrau mit zwei Kannen	B 47	A 203
Tanzendes Bauernpaar	P72 (B X 148. 12)	A 202
Beham, Hans Sebald — Nürnberg und Frankfurt a. M. 1500—1550. B. VIII 112, P. IV 72, Mey. III 318; Gustav Pauli, H. S. Beham, Straßburg 1901.		
Mutter und Kind mit Totenkopf	B20, Pa1358	V 26
Junge Frau und Tod	B 149, Pa150	A 450
Die tanzenden Monate	B 154—160, Pa 177—183	A 182—187
Streitende Bauern	B162, Pa185	VI 108
Ende der Dorfhochzeit	B163, Pa186	A 190
Bauernsonntag	B164, Pa175	A 188
Kämpfende Bauern	B165, Pa176	A 189
Zwei Musikanten	B166, Pa155	A 191
Tanzendes altes Paar	B173, Pa162	A 192
Eheliche Untreue	B175, Pa164	VI 62
Die Musikanten	B178, Pa167	A 193
Spazierende Paare	B 181—183, Pa 170—172	A 194—196
Brautpaar mit Vater	B185, Pa174	A 197
Spielleute und Mädchen	B190, Pa191	A 198
Auf dem Wege zum Markt	B 191, 192, Pa 193, 194	A 199, 200
Bäuerliches Liebespaar	B195, Pa197	A 508
Drei Soldaten mit Hund	B196, Pa199	VI 119
Schildwache bei Pulverfässern	B197, Pa200	A 201

		Kunsthandbücher	Standort
Beham, Hans Sebald	Fähnrich und Trommler	B 199, Pa 202	VI 120
	Bauer und Mädchen	B 202, Pa 198	A 206
	Narr und Närrin	B 213, Pa 215	A 668
	Proportionen von Köpfen	B 219, 220, Pa 220—221	A 435 u. 436
	Der unflätige Narr	B 230, Pa 234	A 669
	Liebespaar am Zaun (Kopie)	B 209, Pa 1229 a	A 207
	*Sechs Frauen des Alten Testaments ..	Pa 701	A 311
	*Arbeiten im Weinberg	Pa 764	A 166
	*Soldatenkurzweil (Ausschnitt)	Pa 878	A 885
	*Die sieben Planeten	Pa 904—910	VI 128; A 174, 178, 422, 485, 882
	*Kaiser und Kurfürsten	Pa 1116, 7	IV 32
	*Der Mönche Laster	Pa 1117	XII 5
	*Der Geißler (Papsttum)	Pa 1139	X 40
	*Kalenderbilder (Kopien)	Pa 1202, 1204, 1206	A 175, 179; VI 46
	*Schlittenfahrten	Pa 1225	A 702—705
	*Die Schwestern auf dem Kirchgang ..	Pa 1226	A 582
	*Dudelsackpfeifer und Geiger	Pa 1241, 1242	X 46
	*Dorfkirchweih	Pa 1245	VI 58, 74, 75
	*Bauernfest zu Megeldorf	Pa 1247	VI 105
	*Der Troßzug	Pa 1252	A 865
	In der Weise des Meisters:		
	*Allegorie gegen den Wucher	Pa 1425	A 675
	*Der Michelfelder Teppich	Pa 1426	A 682
	*Der Neidische und der Geizige	Pa 1430	A 643
	*Mönch und Pfaffen Said	Pa 1431	XII 12
	*Spottbild auf das Papsttum	Pa 1432	XII 9
	*Das unzufriedene Weib	Pa 1448	A 489
	*Das Klystier	Pa 1449	III 38
	*Der Soldatenzug	Pa 1450	I 57
	*Landsknechtzug	Pa 1451	I 40, A 869
	*Belagerung einer Festung	Pa 1454	I 24, A 864
	*Brustbild Martin Luthers		A 325
	*Vertreter aller Stände		VIII 1
	*Bauer mit Dreschflegel		IV 81, (VI 122)
	*Luther und der Bauer		XII 37
	*Feldarbeit mit der Walze		A 176
	*Die Frauen vor dem Pflug		A 679
Berger, Daniel	Berlin 1744—1824. NKl. I 427, LB. I 279, Mey. III 601		
	Kinderspiele nach Chodowiecki		B 1676, 1677
	Kinderfreuden nach Chodowiecki		V 91, 94

		Kunsthandbücher	Standort
Berger, Daniel	Menuett nach Chodowiecki		B 1705
Bernauts, B.	Taufe der Kollegianten nach L.F.duBourg		B 1178
Berndt, Johann Christoph	Nürnberg c.1736—1772. LB. I 292, Mey. III 653. Die beiden Grönländer	Mey. 16	B 1564
Bernigeroth, Mart.	Leipzig 1670—1735. Mey. III 659. Christian Thomasius		VII 116
Bernigeroth, Joh. Martin	Leipzig 1713—1767. Mey. III 659. Das Postkontor 1755..		II 128
Berr, J. F.	Frankfurt a. M. um 1775. Der Trinker		B 1060
Beuttler, Clemens	Glashütte in Reichenau		B 1344
Beytler, Mathias	Ansbach ca. 1582—1616. B. IX 586, P. IV 243, A. IV 37, Mey. III 773. 6 Ovale zum Bossenbüchlein	A 17—23	A 212—217
Binck, Jakob	Köln, Nürnberg ca. 1500—1568. B. VIII 260, P. IV 86, NM. III 775, LB. I 341. Würfelnde Soldaten	B 74	A 884
	Tanzendes Bauernpaar	B 75	A 208
Blancken, Johann Leonhard	Nürnberg um 1725. NKl. I 525, LB. I 357. Allegorie auf Kunst und Wissenschaft ..		B 1258
Bleker Gerrit	Haarlem 1610—1666. B. IV 107, NKl. I 527, LB. I 358. Bauernpaar auf Wagen	B 12	VI 63
Blesendorf, Samuel	Berlin um 1700. NKl. I 530, LB. I 371. Zeichenschule der Kgl. Akademie		B 1263
Bock, Christoph Wilh.	Nürnberg ca. 1754—1800. NKl.I 549, LB.I 392. Herrensitz bei Nürnberg 1771		VI 145
Böcklin, Johann Christoph	Leipzig und Berlin ca. 1685—1710. NKl. I 558, NM. III 2093, LB. I 400. Der Dieb Jonas Meier		XI 86
Boel, Coryn	Antwerpen ca.1622—1644. NKl.I 563,LB.I403. Trinkender Bauer nach Teniers	LB 40	B 985
	Musizierender Bauer nach Teniers ..	LB 42	B 983
Boener, Johann Alexander	Nürnberg 1647—1720. NKL I 564, LB. I 404, NM. III 1796. Der Herrensitz Erlastegen..		B 1361
	Schloß Hiltpoltstein 1699..		B 1356
	Judenschule zu Fürth 1705		XI 82
	Judenkirchhof zu Fürth 1705..		XI 83
	Mehlmarkt zu Nürnberg		II 66
	Das gulden Haus in Nürnberg 1701		B 1373
	Bürgerlicher Garten		B 1501
	Nürnberger Spruchsprecher 1689.. ..		X 52
	Umzug der Drechsler..		VIII 127
	Umzug der Metzger		VIII 123

		Kunsthandbücher	Standort
Boener, Johann Alexander	Tanz der Messerschmiede		VIII 124
	Zug zum Richtplatz		IV 96
	Nürnberger Schauspieler		B 1237
	Drei Nürnberger Geistliche 1689.. ..		XII 56
	Kaufleute kehren von der Messe zurück		II 125
	Tanz im Freien		B 1321
	Wirtshausszene		VIII 100
	Karikatur auf den Höfling		B 1433
Bol, Hans	Amsterdam 1534—1593. LB. I 428, NM. III 686.		
	Schlittschuhlaufen 1579		B 986
	Schlachten auf dem Lande		B 987
Boll, Matthaeus 1588	*Warnung vor Weiberlaune		A 466
Bolswert, Schelte a	Antwerpen ca. 1586—1631. NKl. II 22, LB. I 431.		
	Die musikalische Familie	LB 194	B 1038
Bolt, Johann Friedrich	Berlin ca. 1794—1830. NKl. II 25, LB. I 435.		
	Schutzpockenimpfung nach Chodowiecki		III 132
Bosch van Aeken, Hieronymus	Herzogenbusch ca. 1464—1516. Mey. I 90.		
	Muschel mit Mönchen	Mey. 22	XII 50
	Kunst des Bettelns	Mey. 29	X 60
	*Versuchung des hl. Antonius..	Mey. 35 Anm.	A 395
Boß, Wilhelm	Schwäbisch Hall 1582.		
	*Drei Schreiber mit je nur einer Hand		IX 53
Bosse, Abraham	Paris ca. 1605—1678. NKl. II 72, LB. I 470.		
	Die Jahreszeiten	LB 553—556	B 1039—1041
	Die Familie bei Tisch	LB 559	B 1042
	Knabenschule..	LB 740	IX 97
	Mädchenschule	LB 741	IX 55
	Die Schuhanprobe	LB 748	VIII 62
Breughel, Peter	Holland 1510—1570. NKl. II 130, LB. I 519.		
	Allegorie der Gerechtigkeit		IV 83
	*Dusson und Valentin..	LB 5	B 1015
	Allegorien s. Miricenys		
Brew, Jörg	Augsburg ca. 1518—1547. B. VII 48, P. III 294, NM. III 1943.		
	*Ablieferung des Zehnten		VI 15
	*Ein Ablaßkrämer..		A 341
	*Saufteufel an der Totenbahre		A 235
	*Cicero, officia.		VI 73; XI 8; XII 33; A 257, 258, 409
	*Avila, Regiment der Gesundheit		A 739
	*Lichtenberger Prognosticatio		A 740
Brosamer, Hans	Frankfurt a. M. ca. 1537—1552. B. VIII 466, P. IV 32, LB. I 527, NM. III 656.		
	Der Lautenspieler	B 17	A 553
	Aristoteles und Phyllis	B 18	A 496

		Kunsthandbücher	Standort
Grosamer, Hans	Die Anjagd	B 21	A 812
	*St. Lufas	B 8	VII 15
	*Hans Sachs	P 4	VIII 120
Brun, Franz	Straßburg(?) ca. 1551—1563. B. IX 443, P. IV 176, LB. I 531, NM. II 1926.		
	Die zwölf Monate	B 25—36	A 209—211; VI164—69;VIII 118
	Landsknecht mit Stock und Schwert	B 43	A 893
	Der Trompeter	B 54	I 74
	Fechtübungen	B 55—58	I 27; X 83,84; A 889
	Fechtübungen	NM 43, 44	A 890, 891
	Der Soldatentroß	B 62	X 55
	Zwei Bettelmönche	B 79	A 204
	Lautenspielender Narr	B 83	A 552
	Tierbilder und Jagden	B 96—107	A 797—804
Brunn, Jsaac	Straßburg ca. 1590—1669. NKl. II 175, LB. I 534.		
	Affenmensch Barbara Urslerin 1653		X 116
de Bry	der Vater Theodor († 1598) und die Söhne Johann Theodor und Johann Israel lebten in Frankfurt a. M. NKl. II 180—182, LB. I 540, NM. III 1618 und V 534.		
	Der Baum der Liebe		B 1053
	Barbierstube mit Liebespaar		III 122
	Der Bauerntanz		VI 83
	Fröhliche Musikanten		A 563
	Lautenbegleitung zum Spinett		A 564
	Der Hundsschwarm		B 1055
	Der Narrenschneider		B 1056
	Der Marktschreier		B 1054
	Der Quacksalber		B 1057
	Huldrich Zasius		VII 58
Burger, Johann	Schreib- und Rechenmeister zu Nürnberg 1677.		
	Titel seiner Schönschriftvorlagen		IX 84
Burgkmair, Hans	Augsburg ca. 1473—1531. B. VII 200, P. III 266, LB. I 547, NM. III 708.		
	*S. Elisabeth als Spinnerin	(B 28)	A 741
	*Sieg des Christentums	B 39	VII 91
	*Der Planet Merkur	B 45	II 6
	*Die Mäßigkeit	B 51	A 589
	*Die Gerechtigkeit	B 53	IV 5
	*Die Unkeuschheit	B 57	A 590
	*Die Gefräßigkeit	B 59	A 591
	*Die drei guten Juden	B 66	XI 48
	*Die drei guten Jüdinnen	B 67	XI 47

	Kunsthandbücher	Standort
Burgkmair, Hans		
*Der Koch mit dem Hasen	B 71	A 577
*Pilgergruppe	B 72	X 45
*Aristoteles und Phyllis	B 73	A 469
*Sechs Gelehrte	B 74	IV 82
*Aus dem Weißkunig	B 80	I 45; V 63; VI 16; VIII 27,28; A 424,426,492, 730
*Maximilians Triumphzug	B 81	f. Buchillustrationen
*Madonna mit dem Rosenkranz	P 84	A 452
*Der Arzt Louis d'Avila	P 116	A 302
*Konrad Celtes	P 118	VII 61
*Jakob Fugger	P 119	II 89
*Albrecht von Eyb..		VII 56
*Doppeladler mit 9 Musen	P 120	A 567
Burucker, J. M. Nürnberg um 1640.		
Bestrafung der Weinfälscher		II 76
Buschweiler, Mattheus Speyer 1620.		
Pfäffische Weinsuchts-Lust		B 1140
Buffemecher, Johann Cöln ca. 1580—1613. NKl. II 253, LB. I 554, Merlo 76.		
Schreibstuben-Kalender 1594..		II 99
Buttlinger, J. B. 1784 Schießen mit dem Mörser		B 950
Schießen mit glühenden Kugeln		B 951
Buytenwech, Wilhelm Rotterdam ca. 1590—1640. NKl. II 256, LB. I 555, NM. V 1548.		
Der Marodeur mit Weib und Hund ..	NM 9	I 79
Cagnoni		
Hochzeitsfest des Fürsten Clemens von Sachsen 1781		B 1442
Calcar, Johann von Venedig 1499—1546. Heller S. 173, Butsch, Bücherorn. II S. 27.		
*Der Anatom A. Vesalius..		III 77
Canot, Pierre Charles Frankreich und England um 1710—1777. NKl. II 330, LB. I 578.		
Eislauf in Holland nach Teniers		B 984
Chebel, Quintin Pierre Paris 1705—1762. NKl. II 508, NM IV 3464, LB. II 5.		
Feldlager nach R. van Hoecke		I 108
Chobowiecki, Daniel Nicolaus Berlin 1726—1801. Wilh. Engelmann, Daniel Chobowieckis sämtliche Kupferstiche. Leipzig 1857.		
Der Seifensieder Henry Gierart	E. B	B 1749
Das Brandenburger Tor..	E 39	I 154
Das Konzert..	E 54	B 1660
Die Kutsche und die tanzenden Bauern	E 54	B 1661

		Kunstbandbücher	Standort
Chodowiecki, Daniel Nicolaus	Basedows Elementarwerk	E 57	I 118, 156; IV 94, 134; XII 103; B 1662—1665
	Fröhliche Menschen in einem Garten ..	E 61	B 1511
	Basedows Agathokratos	E 71	IX 113
	Chodowiecki und seine Familie	E 75	B 1655
	Lebenslauf einer Buhlschwester	E 82	III 137
	Bei den Zelten im Tiergarten	E 83	B 1510
	Bildnis des Joh. Bernh. Basedow ..	E 105	IX 105
	Ruhe am Kamin nach der Jagd	E 125	B 1646
	Gellerts Fabeln	E 141	B 1690
	Werthers Leiden	E 151, 152	B 1713, 1710
	Erste und zweite Militärstrafe	E 164, 165	I 134
	Weihnachtsbescherung	E 176	B 1656
	Die Monate Juli, August, Dezember ..	E 183	V 90; VI 150, 151
	Jäger vor einer Falle	E 193	B 1688
	Wachtparade Friedrichs II.	E 200	I 155
	Gesellschaft beim Kartenspiel	E 211	B 1644
	Buntels Leben	E 217, 224	XII 104; B 1659
	Arme Frau säugt ihr Kind	E 231	B 1691
	Huldigungslied von Bürger	E 239	VI 153
	Jungstilling als Prediger verkleidet ..	E 244	B 1652
	Jungstilling im Gespräch mit der Alten	E 245	B 1708
	Jungstilling nimmt Abschied	E 263	B 1706
	Der verwöhnte Licentiat	E 274	B 1649
	Peter Marks	E 294, 296	B 1645; XII 105
	Hippels Lebensläufe	E 299	XII 107
	Schulzes Latein. Elementarbuch	E 323	I 157; B 1711, 1712
	Der aus dem Hause tretende Jäger ..	E 330	B 1687
	Die erste Folge der Heiratsanträge ..	E 345	I 170; III 138; VI 152; IX 119; XII 108; B 1699—1704
	Beschäftigungen der Damen	E 355	B 1678—1683
	Steckenpferdreitereien	E 357	B 1684—1686, 1692—1695
	Die zweite Folge der Heiratsanträge ..	E 382	VIII 138, 139; B 1689
	Allegorie auf den Nachdruck	E 394	B 1651
	Soldatenspiel	E 411	V 82
	Der Arznei Narr	E 440	III 133
	Ein Kutscher küßt einen Knaben	E 452	B 1654

		Kunsthandbücher	Standort
Chodowiecki, Daniel Nicolaus	Feſtmahl auf dem Lande	E 468	B 1709
	Exerzierunterricht..	E 487	B 1653
	Gaſſenlaufen der Soldaten	E 510	I 116
	Die beiden Naturforſcher..	E 585	B 1650
	Der Magnetiſeur und P. Gaßner.. ..	E 634, 635	III 139, 140
	Der Totentanz	E 662	V 138, 139; B 1696—1698
	Ziegenhagen, Verhältnislehre..	E 673, 674	IX 114, 115
	Friedrich II. und die Schleſier	E 712	XII 102
	Friedrich II. und Oberſt Forcade	E 714	I 168
	Häusliches Glück..	E 788	B 1647
	Langs Almanach für 1798	E 848—850	V 16, 17; B 1648
	Verbeſſerte Erziehung	E 936	IX 107
	Szene aus dem Familienleben		B 1707
Claeſſen, Alart	Utrecht um 1520—1562. B. IX 117, P. III 34, NKl. II 558, LB. II 17, NM. I 259.		
	Liebespaar in einer Laube	B 6	A 558
	Die Fuchsjagd	P 124	VI 107
Clausner	Fackeltanz am preußiſchen Hof 1795 ..		B 1458
Cleef, Martin van	Antwerpen um 1551. NKl. II 566, NM. IV 1694.		
	Säender Bauer		B 1017
Clofigl, Caspar	München um 1520. B. VII 467. P. III 299, NM. I 2372.		
	*Gerichtsſitzung bayriſcher Herzoge	B 3	A 378
Cock, Hieronymus	Kunſtverleger Antwerpen 1510—1570. NKl. III 20, LB. II 30, NM. III 759.		
	Kirchweih nach Hans Bol		VI 85
Collaert, Adrian	Antwerpen um 1520—1582. NKl. III 45, LB. II 36.		
	Jagdſzenen nach Stradanus	LB 458	B 1019—1022
	Planetenbilder nach Joſſe de Momper		B 1073, 1077
Collaert, Hans	Antwerpen um 1545—1622. NKl. III 46, LB. II 37, NM. III 750, 762.		
	Brillenhändler nach Stradanus		III 46
	Uhrmacherwerkſtatt nach demſelben ..		VIII 70
	Der Harniſchmacher		VIII 71
Corvinus, Johann Auguſt	Leipzig und Augsburg 1682—1738. NKl. III 131, LB. II 54, NM. III 1800.		
	Luſtſchloß Moritzburg bei Dresden ..		B 1467
	Feſtſaal des S. Anna-Gymnaſiums in Augsburg		B 1554
	Artillerie auf dem Marſch nach Rugendas		I 136
	Schloß Nymphenburg bei München ..		B 1518
	Der Schloßgarten in Nymphenburg ..		B 1508
	Jagdſchloß Fürſtenried bei München ..		B 1512

		Kunsthandbücher	Standort
Cossier	Augsburg um 1732.		
	Sprung eines Kindes aus dem Turmfenster		V 41
Cranach, Lucas der Ältere	Wittenberg 1472—1553. B. VII 273, P. IV 3, NM. IV 980. Jos. Heller, Luc. Cranachs Leben und Werke, Nürnberg 1854. Christ. Schuchardt, Lucas Cranach, 3 Teile, Leipzig 1851—1871. E. Flechsig, Cranachstudien, Leipzig 1900.		
	Buße des hl. Chrysostomus	B 1	A 782
	*Die hl. Sippe	B 5	V 107
	*Marter der Apostel	B 37—48	IV 101, 108
	*Enthauptung Johannes des Täufers ..	B 62	A 377
	*St. Georg	B 67	I 50
	*Wilder Mann raubt Kinder	B 115	A 234
	*Der Edelknabe	B 116	V 124
	*Ritterliches Paar zu Pferd	B 117	A 751
	*Die Eberjagd..	B 118	A 817
	*Die Hirschjagd	B 119	A 769
	*Der Landsknecht	B 120	A 493
	*Dame mit Blume	B 121	A 494
	*Abigail	B 122	A 498
	*Das Turnier	B 124	X 27
	*Turnier mit Herkulesteppich	B 126	A 724
	*Das Papsttum	Schu. 106	XII 11; A 354, 355, 357
	*Reitender Edelmann	Schu. 126	A 736
	*Belagerung von Wolfenbüttel	Schu. 133	I 60
	*Bordüre, Tod Johannes des Täufers..	P 221	A 348
	*Luther, Brustbild mit Buch	NM 172	A 325
	*Katharina von Bora	NM 178	A 324
Cranach, Lucas der Jüngere	Wittenberg 1515—1586. P. IV 24.		
	*Die siegreiche Reformation		XII 22
	*Melanchthon	B 153	IX 60
	Cranachs Schule.		
	*Austeilung des Abendmahls		XII 23
	*Christus erscheint den Mönchen		XII 2
	*Abbildung des Papsttums 1545	Schu. 106	XII 3
	*Das Münchkalb 1523	Schu. III 235	XII 21
	*Bordüre mit Spinettspieler 1543.. ..		XI 31
	*Rhetorica um 1570		VII 87
Curti, H., um 1680	Der Schlangenbändiger nach G. M. Mitelli		III 47
Custos, Dominicus	Augsburg um 1560—1612. NKl. III 228, LB. II 77, NM. II 1008.		
	Überfall eines Dorfes		VI 131
Custos, Joseph	Dorfstraße in Oberhausen		B 1384

		Kunsthandbücher	Standort
Custos, Rafael	Augsburg um 1605—1651. NKl. III 228, LB. II 78, NM. II 613, IV 3591.		
	Fondaco dei Tedeschi in Venedig.. ..		II 42
	St. Anna-Kollegium in Augsburg. ..		XII 68, 69
Deisch, Matthaeus	Danzig um 1718—1789. NKl. III 312, LB. II 121.		
	Der Artushof in Danzig	LB 2	II 70
	Die Hauptwache in Danzig		IV 126
	Danziger Apfelverkäuferin		B 1751
Delff, C. J. 1608	Das Heidelberger Faß		B 1268
Delsenbach, Johann Adam	Nürnberg 1687—1765. NKl. III 332. LB. II 106, NM. I 385.		
	Das astronomische Observatorium in Nürnberg		VII 123
	Zollamt in Nürnberg..		II 105
	Huldigung vor Karl VI. 1712		B 1425
	Lotterie auf dem Rathaus in Nürnberg		B 1452
	Die Reitschule bei der Schütt		B 1530
	Lichtensteinsche Reitschule zu Felsberg..		B 1561
	Die S. Sebaldkirche in Nürnberg ..		XII 97
	Die S. Lorenzkirche		XII 98
	Der neue Bau		VIII 111
	Am Tiergärtner Tor		II 126; B 1531
	Fischen im Dutzendteich		B 1480
	Wintervergnügen auf dem Dutzendteich		B 1539
	Marktplatz zu Nürnberg		B 1380
	Verkaufsstände		VIII 112
	Das Zeughaus in Nürnberg		I 142
	Stückschießen der Nürnberger Bürgerschaft 1729		I 143
	Schloß Eschenbach in Franken		B 1358
de Negker, Jost	Augsburg um 1510—1540. B. VII 243, P. III 295.		
	*Jakob Fugger nach Burgkmair	P III 281, 119	II 89
	*Der Fahnenträger nach Schäufflein ..	BVII 266, 100	A 870
	*Hl. Martin nach L. van Leyden		A 735
Deutsch, Nicolaus Manuel	Bern 1484—1530. B. VIII 468, P. III 433, NKl. VIII 279, LB. II 598, NM. IV 2481.		
	*Der Jetzerhandel	P 11	A 352
Deutsch, Hans Rudolf Manuel	Basel 1525—1571. B. IX 324, P. III 438, NKl. VIII 284, LB. II 597, NM. III 1438.		
	*Der Waldstätten-Bund	B 26	A 232
	*Die Schlacht bei Sempach		I 18, 19
	*Modischer Landsknecht	P 32	A 897
Dietrich), Christian Wilhelm Ernst	Dresden 1712—1774. NKl. III 393, LB. II 127, NM. II 850. J. F. Linck, Monographie des C. W. E. Dietrich, Berlin 1846.		
	Dorfmusikanten		X 82

		Kunsthandbücher	Standort
Dietrich, Christian	Der Scherenschleifer	L 75	B 1062
Wilhelm Ernst	Der Hausierer	L 76	B 1063
	Hanswurst und Quacksalber	L 83	B 1065
	Bären- und Affenführer	L 84	B 1064
Diricksen, Dirich	Hamburg um 1644.		
	Lehrer Arnold Müller		IX 86
Disel, M.	München um 1715.		
	Der Hofgarten zu München		B 1515
	Jagdschloß Fürstenried bei München ..		B 1512
Dizinger, Ludwig	Tübingen um 1589. NM. IV 1011.		
	Das neue Kollegium in Tübingen ..	N 1	IX 24
	Der Universitäts-Speisesaal	N 2	IX 22
	Der Hörsaal	N 3	IX 23
	Das Ballhaus mit übenden Studenten	N 7	B 1123
	Der Ballplatz im Freien	N 8	IX 25
Dolendo, Bartholo-mäus	Leyden um 1560. NKl. III 433, LB. II 135, NM. I 1757.		
	Der Flötenspieler nach Lucas van Leyden		A 559
Dürer, Albrecht	Nürnberg 1471—1528, B. VII 30, P III 148, LB. II 160, NM. I 350.		
	Der verlorene Sohn	B 28	VI 27
	Madonna mit Kind	B 34	A 460
	Christkind mit Vogel	B 42	V 62
	S. Hubertus..	B 57	A 768
	S. Antonius	B 58	VII 18
	S. Hieronymus	B 60	VII 71
	Blasende Genien..	B 66	V 43
	Hexe und vier Genien	B 67	A 401
	Die Melancholie	B 74	VII 80
	Fortuna	B 78	II 31
	Reitender Bote	B 80	II 61
	Der Postreiter	B 81	A 720
	Reitende Edeldame	B 82	A 503
	Zorniger Bauer und Frau	B 83	A 506
	Koch und Frau	B 84	A 509
	Türke und Frau	B 85	A 499
	Drei Marktbauern	B 86	VI 97
	Der Fähnrich	B 87	I 49
	Landsknechte	B 88	I 22
	Ein Bauernpaar	B 89	VI 57
	Tanzendes Bauernpaar	B 90	A 505
	Der Dudelsackpfeifer	B 91	X 50
	Liebesantrag	B 93	A 504
	Der Spaziergang..	B 94	A 510
	Mißgeburt einer Sau	B 95	X 64

		Kunsthandbücher	Standort
Dürer, Albrecht	Die Feldschlange	B 99	I 67
	Wappen des Todes	B 101	III 146
	Philipp Melanchthon	B 105	VII 86
	Wilibald Pirckheimer	B 106	VII 72
	Erasmus am Schreibpult	B 107	VII 70
	*Christi Geburt	B 80	V 7
	*S. Coloman	B 106	IX 26
	*Das Männerbad	B 128	III 58
	*Allegorie der Philosophie	B 130	A 298
	*Tod und Landsknecht	B 132	A 451
	*Lehrer und Schüler	B 133	IX Beil. 2
	*Das Rhinozeros	B 136	X 31
	*Große Ehrenpforte	B 138	A 858, 861
	*Männer mit der Laute	B 147	A 433
	*Selbstbildnis	B 156	A 317
	*Der hl. Sebald auf der Säule	B app. 20	VII 63
	Der Michelfelder Teppich	B app. 34	IV 85; VII 101; A 682
	Mohrentanz bei Fackellicht	B app. 38	A 729
	S. Sebald	P 185	VII 63
	Eobanus Hessus	P 218	A 318
	Insignia poetarum	Thausing 210	VII 59
Pseudo-Dürer	Celtes überreicht das Hroswita-Buch ..	P 277 a	VII 60
(Hroswita-Meister)	Abraham und seine Nichte	P 277 f	A 299
Eichler, Gottfried	Erlangen um 1748. NKl. IV 94.		
	Jüdisches Osterfest		XI 92
Engelbrecht, Martin	Augsburg, Berlin um 1700—1756. NKl. IV 126.		
	Nürnberger Bauerntrachten		VI 138
	Trachten der Augsburger Handwerker-frauen		B 1568
	Soldaten auf dem Marsch		I 137
	Militärischer Drill		I 119
	Teilung der Beute		I 128
	Theaterszene		B 1566
Erhard, Johann Christoph	Nürnberg 1795—1822. NKl. IV 139, LB. II 201.		
	Bauernstube mit zwei Juden		XI 99
Erlinger, Georg	Formschneider und Buchdrucker. Augsburg, Bamberg um 1516—1542. B. VII 471, NKl. IV 145. Jos. Heller, G. Erlinger, Bamberg 1837.		
	*Das unzufriedene Ehepaar	B 1	A 486
Fabri, Conrad	Maler. Frankfurt a. M. um 1552. NM. II 3078.		
	*Belagerung von Frankfurt		A 902
Fehlingk, Christoph Heinrich	Dresden 1653—1725. NKl. IV 263.		
	Bergwerksfest im Plauenschen Grunde		B 1468

		Kunsthandbücher	Standort
Fehr, Peter	Frankfurt a. M. um 1710—1734. NKl. IV 263, LB. II 222.		
	Jüdische Hochzeit		XI 88
	Strafe für jüdische Diebe		B 1184
Fiquet, Etienne	Paris 1731—1794. NKl. IV 316, LB. II 230.		
	Bildnis von G. W. von Leibniz		VII 115
Fleischmann	Nürnberg(?) um 1690. NKl. IV 370.		
	Die Leipziger Börse		II 134
Flötner, Peter	Nürnberg um 1525—1546. B. IX 162, P. III 253, NM. IV 2935. J. Reimers, P. Flötner, München 1890. Conrad Lange, P. Flötner, 1897. F. Traug. Schulz im Anz. des German. Museums 1905, 49.		
	*Liebespaar mit Tod und Teufel	B 2	A 472
	*Gubler und Gublerin	P 12	A 896
	*Landsknecht Stoffel Allwegwol	P 17	I 52
	*Landsknecht-Pfeifer	P 18	A 566
	*Schultheiß Karl Künermann	P 19	IV 124
	*Edelmann als Soldat	Reim. 18	A 871
	*Renaissance-Bettstelle	P 34	VIII 34
	*Verzierte Portale		A 437, 438
	*Figuren Alphabet	Reim. 54, 55	A 423
	*Spielkarten		A 633—635
Folke, Simon	Amsterdam 1712—1784. NKl. IV 391, LB. II 242.		
	Aufbahrung der Prinzessin Anna		B 1447
Franck, Hans Ulrich	Augsburg 1603—1680. NKl. IV 450, LB II 250, NM. III 1640, A. V 32.		
	Plündernde Soldaten	A 5	I 83
	Streitende Weiber	A 15	I 90
	Soldaten im Wirtshaus	A 18	I 91
Frank, Hans	Basel um 1505—1522. B. VII 452, P. III 440. NM. III 896.		
	*Der Wannenkrämer	B 6	II 24
	*Der Pfründensucher	B 7	VII 47
	*Der Tuchhändler	P 9	II 27
	*Der Fischmarkt	P 10	VIII 25
	*Würfelnde Spieler	P 11	A 224
	*Der Teufel als Krämer	P 12	A 225
	*Der Eintritt einer Novize	NM 4, 8	V 125
	*Frankfurter Meßkram	P 15	II 96
	*Eine Predigt	NM 5	XII 35
	*Sünden des Mundes	Muther 1405	VII 99; A 239 —241, 598
Freudenberg, Sigmund	Schweiz 1745—1801. NKl. IV 483, LB. II 252.		
	Dame bei der Toilette		B 1583

		Kunsthandbücher	Standort
Friedrichs, Jakob Andreas der Ältere	Nürnberg, Augsburg um 1710—1751. NKl. IV 497.		
	Pestlazarett bei Regensburg 1713 . ..		III 64
Friedrichs, Jakob Andreas der Jüngere	Stuttgart † 1779. NKl. IV 497.		
	Transport des bayrischen Hiesel		VI 159
	Hinrichtung des bayrischen Hiesel.. ..		X 92
Frig, Ludwig	Zürich um 1560—1591. B.IX 417, NKl.IV 498, LB. II 256, NM. IV 1072.		
	*Bildnis des Konrad Gesner		VII 98
Fritzsch, Christian	Hamburg um 1700—1769. NKl. IV 506, NM. II 26.		
	Festmahl der Bürgerkapitäne in Hamburg		B 1464
	Pesthospital in Hamburg		III 128
	Ein Hamburger Großkaufmann		II 131
Fritzsch, Christian Friedrich	Sohn des Vorigen † um 1772. NKl. IV 506.		
	Hamburger Kaufmanns-Kontor		II 117
	Bäuerinnen von Föhr		B 1074—1076, 1078—1080
Frölich, Andreas	Lübeck (?) um 1660. NM. I 529.		
	Pastor Heinrich Müller in Rostock ..		XII 75
Fueslin, Johann Melchior	Zürich, Berlin um 1677—1736. NKl. IV. 524, LB. II 259, NM. III 2867.		
	Bereitung des Salpeters zum Pulver		B 949
	Die Kanone		I 140
	Die Schiffsbrücke..		I 139
Fürst, Paul	Stecher und Verleger Nürnberg um 1630—1660.		
	Augsburger Konfession		XII 60
	Die Jahreszeiten nach Bosse		B 1039—1041
	Der Spieler und der Tod nach Lievens		B 1136
	Der Männerbefehlich..		B 1095
	Die unbarmherzigen Bauern-Reiter ..		VI Beil. 6
	Geld regiert die Welt		II 94
	Abschied des Kredits		II 86
	Kindbett-Gespräch		V 19
	Operation am Arm nach Ab. Ostade ..		B 1049
	Der Pestarzt		III 63
	Der Quacksalber		B 1059
	Deutscher und französischer Soldat ..		I Beil. 5
Furck, Sebastian	Frankfurt 1589—1654. NKl.IV,535, LB.II 258, NM. IV 4073, 4085.		
	Titel zu G. Fabricius. Opera 1646 ..		III 105
Gabler, Ambros	Nürnberg um 1764—1840. NKl. IV 542, NM. I 1065, II 2654.		
	Nürnberger Gänseverkäufer		VI 160
	Nürnberger Hausierer		XI 94; B 1752

		Kunsthandbücher	Standort
Galle, Johannes	Antwerpen um 1580. NM. III 2408.		
	Der leichtsinnige Schuhmacher nach H. Bos		VIII 72
Galle, Philipp	Haarlem 1537—1612. NKl. IV 564, LB. II 265, NM. IV 2976.		
	Goldmacher und Schwarzkünstler nach Stradanus		VII 96
	Das Guajakholz nach Stradanus ..		III 112
	Geschichte der Lucretia von Goltzius ..	B III 35, 104	B 1044
Geeraerts, Marc	Brügge um 1550—1580. NKl. V 60, LB. II 278, NM. IV 1571.		
	Bauersfrau schlachtet ein Huhn		VI 135
George, Jean	Spottblatt auf die kathol. Geistlichkeit 17. Jahrhundert.		B 1181
Geßner, Salomon	Zürich 1730—1788. NKl. V 119, LB. II 286.		
	Empfang von Serenissimus		B 1757
Geyer, Andreas	Regensburg um 1710—1729. NKl. V 123.		
	Festtafel des Reichstages zu Regensburg		B 1436
Geyer, Friedrich	Nürnberg 1742.		
	Pferdeschlachten der Franzosen in Prag		I 160
Geyser, Christian Gottlieb	Leipzig 1742—1803. NKl. V 124, LB. II 286, NM. II 88, 2655.		
	Vor dem Peterstor in Leipzig	LB 32	B 1546
	Besuch eines Offiziers nach Mechau ..		I 166
	Am Grabdenkmal nach Greuter		B 1758
	Kinder bauen Kartenhäuser nach Dorner		B 1592
	Die Werbung nach Chodowiecki		B 1638
	Toilette am Spiegel		B 1639
	Besuch zum Kaffee		B 1640
	Begrüßung zweier Damen		B 1641
	Arzt bei einer Kranken		B 1642
	Vorlesen aus der Zeitung		B 1643
	Konversation im Salon		B 1657
	Stürmischer Kuß..		B 1715
Glasbach, Christian Benjamin	Magdeburg 1724—1779. NKl. V 231.		
	Ein Chemiker		VII 125
Glaser, Hans	Nürnberg um 1540—1558. NKl. V 231, NM. III 972.		
	*Der Weise am Grabe	N 3	VII 50
	*Vier Soldaten		I 30
Glaser, Hans Wolff	Nürnberg um 1565. NKl. V 232, Weller Zeitungen 281, Hampe Ratsverläße II 3.		
	*Petrus und der Papst		A 363
Glockendon, Albrecht	Nürnberg um 1530—1540. NM. II 642.		
	*Die Schwestern auf dem Kirchgang von H. S. Beham		A 582

2*

		Kunsthandbücher	Standort
Goebel, A. B., geb. Heyd	Dresden um 1717.		
	Dreikönigskirche in Dresden		XII 81
Goez, Gottfried Bernhard	Augsburg 1708—1768. NKl. V 259, NM. II 2784.		
	Obsternte..		B 1597
	Ein Gelage (Der Geschmack)..		B 1598
Goez, Joseph Franz Freiherr von	München, Regensburg 1754—1815. NKl. V 262, NM. II 2923.		
	Die Putzenbrecht		V 59
	Knecht Ruprecht		V 98
	Ein Fastnachtsscherz		V 93
	Das Fastnachtsroß		V 92
Gogel, Johann Martin	Frankfurt a. M. NKl. V 264.		
	Tanzende Bauern		VI 84; B 1318
Goltzius, Heinrich	Haarlem 1558—1617. B. III 11, NKl. V 272, LB. II 305, NM. III 952.		
	Geschichte der Lucrezia	B 104	B 1044
	Infanteriehauptmann..	B 126	I 68
Gottschick, Johann Christian Benjamin	Dresden um 1776—1830. NKl. V 297.		
	Militz-Karikaturen..		I 145, 147
Graf, Urs	Basel um 1490—1529. B. VII 456, P. III 425, NM. V 1175. Eduard Hiß in Zahns Jahrbücher für Kunstwissenschaft V 145.		
	Ruhender Soldat (Kopie)		A 873
	*Abendmahl und Fußwaschung	Hiß 9	A 335
	*Landsknechte, Dirne und Tod	Hiß 280	A 497
Greutter, Christoph	Verleger. Augsburg um 1622. NKl. V 368, NM. II 185.		
	Klage der Armen..		B 922
	Schlemmerspiegel		B 1116
Grimm, Simon	Augsburg um 1784. NKl. V 381, NM. III 4105.		
	S. Ursulakirche in Augsburg		IX 98
	Spaziergänger vor den Toren Nürnbergs 1784		B 1535
Grün s. Baldung			
Guldenmund, Hans	Briefmaler und Verleger. Nürnberg um 1513—1557. B. IX 150, P. III 247, NKl. V 450, NM. III 971, Bader Beiträge II 51, Hampe Ratsverlässe.		
	*Türke und Gefangene	P 16	VI 129
	*Profoß	P 29	IV 123
	*Schultheiß und Soldatenfrau..	P 30	I 37
	*Landsknecht und Weib		A 872
	*Der Soldat mit Stelzfuß..		I 26
	*Schneidergeselle und Näherin		VIII 65
	*Feldhauptmann		I 29

	Kunsthandbücher	Standort
Guldenmund, Hans *Blasende Herolde		X 51
*Ein Bote	P 37	II 60
*Drei Bauern		VI 103
*Schwank von dem frommen Abel ..		II Beil. 8
*Rat für Junggesellen		A 571
*Der falsche Klaffer		A 642
*Der Niemand		A 570
Allegorie auf den Wucher	Pauli 125	A 675
Haas, Jonas Nürnberg, Kopenhagen 1720—1774. NKl. V 479.		
Ansicht der Stadt Wismar		II 118
Haffner, Melchior Augsburg, Ulm um 1670—1690. NKl. V 501, LB. II 331, NM. IV 1496.		
Ulmische Eidtafel		B 1199
Die Vierlinge einer Handwerkerfrau ..		V 131
Halm, Felix München † 1810. NKl. V 527.		
Alte Handwerker-Bildnisse		VIII 103, 104
Hameel, Alaert du Herzogenbusch † um 1510. B. VI 354, P. II 284.		
Liebespaar am Brunnen	Willshire II 318, 3	A 25
Hamer, Steffan Nürnberg um 1534—1553. B IX 151, NKl. V 530, LB. II 340, Hampe Ratsverlässe 2043.		
*Der Mönchsfisch		A 359
*Wunderzeichen zu Weimar		A 417
Hamer, Wolf Nürnberg(?) Ausgang des 15. Jahrhunderts. NKl. V 531, LB. II 340, NM. V 1841.		
*Der hl. Minus als Patron gegen die Blattern	Schr. 1632	III 8
Hamer, W. Kupferstecher, s. Monogrammist WAH.		
Heckel, Christ. 1704 Landstraße nach Leipzig		II 122
Heckmann, Leonhard Allegorie auf die Liebe 1704		B 1588
Heffner, H. W. Der Landsturm bei Aschaffenburg 1799		I 178
Henckell, J. E. 1694 Umzug der Zirkelschmiede in Nürnberg		B 1333
Henkel, J. F. 1623 Klopffechter-Übung in Nürnberg		X 85
Henkel, J.P. um 1768 Tuchmacher-Umzug in Nürnberg		VIII 126
Henning, Christoph Daniel Nürnberg um 1734—1795. NKl. VI 102, NM. I 2458, II 154.		
Ein Nürnberger Briefbote		II 129
Szene aus Diego und Leonore		B 1760
Heusberger, Hieronymus van Um 1681. NKl. VI 109, NM. III 1644.		
Übergabe von Straßburg 1681		B 1274
Herman, Stephan Ansbach um 1550—1600. B. IX 351, NKl. VI 123, A. III 263, NM. III 1475.		
Hasenjagd nach J. Amman	NM 1	A 806
Fuchsjagd nach J. Amman	NM 3	A 808
Zwei Leute mit einer Narrenlast	A IV 32, 60	A 671

		Kunsthandbücher	Standort
Herr, Michael	Nürnberg 1591—1661. NKl. VI 40, NM. IV 1876.		
	Hexen auf dem Blocksberg		A 407
Herz, Johann Daniel	Augsburg 1693—1754. NKl.VI 139, LB. II 356, NM. III 822.		
	Der Totengräber		XII 91
Heumann, Georg Daniel	Nürnberg, Göttingen 1691—1759. NKl.VI 165, LB. II 358, NM. II 2861.		
	Der botanische Garten in Göttingen ..		B 1552
	Schlittenfahrt auf dem Liebfrauenberg in Frankfurt a. M.		B 1538
	Universitätsbibliothek in Göttingen ..		VII 121
	Ritterspiel vor König Georg II. in Göttingen		B 1551
	Herrschaftliche Karosse am Flußufer ..		B 1496
	Fränkisches Schloß mit Garten		B 1497
	Schloß in Schönbrunn bei Wien.. ..		B 1519
Heyden, Jakob von der	Straßburg um 1570—1640. NKl. VI 169, LB. II 359, NM. III 576, 2495.		
	Der verliebte Schuhmacher		VIII 61
	Von zweyerlei Studenten		IX 62
	Bildnis des Joh. Kepler		VII 90
	Bildnis des Martin Opitz.		VII 110
	Bildnis des Joh. Sleidanus		VII 77
Heyden, Peter van der	Um 1550.		
	Ländliche Kirmeß		B 974
Hildenberg, F.	Um 1600.		
	Des Teufels Garküche		XII 41
Hirschmann, Thomas	Nürnberg um 1670—1690. NKl. VI 193, NM. V 679.		
	Der Schauspieler Janetschky		B 1229
Hirschvogel, Augustin	Nürnberg, Laibach um 1503—1553. B. IX 170, P. III 257, NKl. VI 194, LB. II 360, NM. III 616, Hampe Ratsverlässe 1805.		
	Auszug zur Jagd..	B 19	A 777
	Entenjagd	B 22	A 790
	Jagden auf Wildschweine	B 23	A 789, 791
	Landschaft mit sechs Bäumen	B 54	IV 3
	Landschaft mit Schloß und Kirche ..	B 56	XI 1
	Landschaft mit Stadttor rechts	B 58	A 796
	Landschaft mit fünf Fichten	B 60	A 794
	Die Kirche am Weiher	B 68	A 792
	Stadtturm und Stadtmauer	B 71	A 795
	Flußlandschaft mit starkem Baum ..	B 73	IV 2
	Die drei Burgen	B 74	A 793

		Kunstbandbücher	Standort
Hirschvogel, Augustin	Das Meer mit vielen Schiffen	B 75	II 5
	Landschaft mit der sich schlängelnden Brücke..	B 76	VII 73
Höckner, Johann Caspar	Dresden um 1650—1670. NKl. 209, NM. II 259, III 2114.		
	Bankett zu Dresden		B 1301
Hogenberg, Abraham	Köln um 1590—1653. NKl. 289, LB. II 369, NM. I 705, Merlo 185.		
	Gelage mit Musikanten nach A. Braun		B 1045
	Drei nützliche Weinschulen		B 1233
Hohmann 1728	Schlesisches Fuhrwerk		II 133
Holbein, Hans.	Basel, England 1497—1543. P III 353, NM. III 1038, Alfred Woltmann, Holbein und seine Zeit, Leipzig 1874.		
	*Totentanzbilder	P II	II 63; III 150; IV 78, 79; V 137; VI 91; A 236—238
	*Signet des Thomas Wolf	P 59	A 291
	*Bildnis des Johann Stöffler	P 61	VII 81
	*Homer und die Musen	P 97	VII 76
	*Jacobus Castricus. Allegorie		III 68
	*Turm der Grammatik		IX 35, 36
Hollar, Wenzel	Deutschland, Holland, England 1607—1677. NKl. VI 258, LB. II 372, NM. V 1697, Gustav Parthey, Wenzel Hollar, Berlin 1853—1858.		
	Anbetung der hl. Familie..	Pr 97	VI 34
	Empfang des Grafen von Thurn und Taxis	Pr 563—565	A 1283—1285
	Frau am Spinett	Pr 594	A 561
	Die Klöpplerin	Pr 595	B 1092
	Ländliche Hochzeit	Pr 597	VI 60
	Stadtschießen in Straßburg	Pr 622	A 713
	Straßburg. Ansicht der inneren Stadt	Pr 624	II 111
	Schlittenfahrt in Straßburg	Pr 625	B 1337
	Der Straßburger Münster	Pr 892	B 1392
	Holländische Dorflandschaft	Pr 1218	VI 143
	Eine Kölner Dienstmagd..	Pr 1844	B 1083
	Ein Kavalier	Pr 1997	A 286
	Ein Bauernbursche	Pr 2002	A 284
	Raufende Bauern nach Breughel.. ..		VI 106
Homburg, Jakob	Frankfurt a. M. um 1770—1784. NKl. VI 278, LB. II 340, NM. III 1808.		
	Der alte ehrliche Schmul..		XI 80

	Kunsthandbücher	Standort
Hopfer, Daniel Augsburg um 1500—1549. B.VIII 473, P. III 289, NKl. VI 296, LB. II 385, NM. III 1131, 1132.		
Allegorie auf den Kornwucher	B 23	II 121
Der fromme und der böse Sohn.. ..	B 30	A 615
Allegorie auf den unrechten Reichtum	B 30	II 73
Allegorie auf die Gerechten und Gottlosen	B 30	VI 47
Allegorie auf die Trunkenheit nach Mantegna	B 49	B 1119
Die Vergänglichkeit der Schönheit ..	B 52	A 618
Allegorie auf den Unfrieden	B 71	A 619
Bolikana und Markolf	B 72	A 617
Allegorie auf das Schlemmen und Fressen..	B 73	B 1118
Dorffeste	B 74	VI 78, 79
Konrad von der Rose	B 87	A 616
*Titelblatt mit Jakob und Esau	Butsch I 20	A 287
Hübner, Bartolome Basel und Augsburg um 1727—1795. NKl. VI 349, LB. II 401.		
Quacksalber Michel Schuppach		III 131
Hübschmann, Donat Wien um 1557—1570. NM. II 1123, A. II 230.		
*Einzug Kaiser Maximilians II. in Wien	NM 4	A 765
Hulsmann, Johann Köln 1630—1646. NKl. VI 360, NM. III 2534, 2565, Merlo 203.		
Ein Soldatentrupp		I 82
Hupschmann, G. Um 1650.		
Der Sprudel in Karlsbad		III 100
Jegher, Christoph Antwerpen um 1585—1645. NKl. VI 435, LB. II 427, NM. II 231, III 2126.		
*Liebespaare nach Rubens..	NKl 14	B 1037
*Der blinde Bettler		X 24
Jenichen, Balthasar Nürnberg 1520—1600. B. IX 532, P. IV 200, NKl. VI 439, LB. II 428, NM. I 1868, A. II 118.		
Klaus Narr	A I 193, 3	B 1238
Jößer Frankfurt a. M. 1670.		
Die Bibliothek zu Frankfurt		VII 118
Isaac, Joh. 1662 *Brand von Passau		B 1368
Israhel s. Meckenem		
Isselburg, Peter Köln, Nürnberg um 1568—1630. NKl. VI 496, LB. II 414, Merlo 221.		
Nürnberger Stadtschießen	Merlo 194	B 1308
Nürnberger S. Johannisschießen.. ..	Merlo 195	VIII 24
Nürnberger Brautpaar	Merlo 253, 254	B 1087, 1090
Das ABC der Ehe	Merlo 264	B 1096

		Kunsthandbücher Merlo 306	Standort
Isselburg, Peter	Befestigung von Heidelberg		B 1271
	Wunderähre bei Bamberg gefunden ..		VI 89
	Sitzung der Fruchtbringenden Gesell-schaft		VII 124
	Flußlandschaft		B 1034
	Titel zu Besler, Continuatio rariorum		VII 113
Jungwierth, Franz Xaver	München 1720—1790. NKl. VI 509, LB. II 439, NM. II 2180.		
	Soldatenkneipe an der Isar 1767 ..		B 1635
Jury, Wilhelm	Berlin um 1785. NKl. VI 510, LB. II 440.		
	Preußisches Feldlager		I 163
Käfer, H.	Nürnberg 1631.		
	*Ein Puppenhaus..		V 67
Kandel, David	Straßburg um 1530—1550. B. IX 392, P. III 348, NKl. VI 527, LB. II 441, NM. II 1173, 1177, 1181.		
	*Bilder zu H. Bock, Kräuterbuch		III 76; V 5; VI 54, 82; A 169 —172
	*Zu Kern, Visierbuch		A 440
	*Bildnis eines Gelehrten		A 315
Käppeler, Bartholo-maeus	Augsburg um 1630.		
	*Der Kaiser mit den sieben Kurfürsten		B 928
Keller, Georg	Frankfurt, Nürnberg um 1576—1640. NKl. VI 549, LB. II 444, NM. III 69.		
	Einholung der Prinzessin Elisabeth ..		B 1273
	Einholung des Pfalzgrafen Wolfgang Wilhelm		B 1276
	Plünderung der Judengasse in Frankfurt		XI 36
	Auszug der Juden aus Frankfurt ..		XI 37
Kellner, J. E. E.	Nürnberg um 1780—1790.		
	Der Mörder Philipp Feigel		IV 133
	Die Nürnberger Waisenkinder		V 95, 106; IX 91, 92
Kellner, Joseph	Um 1780.		
	Eine Weihnachtsbescherung		V 104
Kempf, Pancratius	Magdeburg um 1550. NKl. VI 556.		
	*Das Interim. Satire auf das Papsttum		XII 36
Khol, Andreas	Nürnberg um 1634—1656. NKl. VII 3.		
	Deutscher und französischer Soldat ..		I Beil. 5
Kiefer, Eberhard	Frankfurt um 1610—1630. NKl. VII 5, LB. II 418, NM. II 1646.		
	Totentanz..		IV, 74; VII 94
	Fußkampfszene		I 92
	Ansicht von St. Goar		B 1346

		Kunsthandbücher	Standort
Kiefer, Eberhard	Ansicht von Görlitz		B 1348
	Ansicht von Halberstadt		B 1347
	Ansicht von Halle..		VII 103
	Ansicht von Lebrija in Spanien		XI 74
	Ansicht von Marburg..		VII 104
	Ansicht von Riga..		B 1345
	Ansicht von Würzburg		III 79
Kilian, J.	Magdeburg(?) um 1667.		
	Bildnis des Pastors Christian Scriver		XII 77
Kilian, Lucas	Augsburg 1579—1636. NKl. VII 9, LB. II 451, NM. IV 1159.		
	Reichsposthaus in Augsburg		B 1372
	Soldatenweiber		I 130, 131
Kilian, Wolfgang	Augsburg 1581—1662. NKl. VII 12, LB. II 454.		
	Bauernmädchen zur Erntezeit..	LB 124	B 1081
	Bildnis des Joh. Val. Andreae		XII 63
Klauber, Joseph	Augsburg 1710—1768. NKl. VII 37, LB. II 459.		
	Die Wache in Mannheim		B 1524
Kleiner, Salomon	Wien 1703—1756. NKl. VII 49, LB. II 461.		
	Frauenberg in Frankfurt a. M.		B 1379
	Schießstände		B 1521
	Der Stock am Eisen		VIII 113
	Die Wiener Hofburg		I 151
	Fischmarkt in Wien		B 1381
	Der Graben in Wien		B 1383
	Straßentreiben auf dem Tiefen Graben		B 1528
	Große Allee im Wiener Prater		B 1499
	Der Fürstl. Schwarzenberg'sche Garten		B 1506, 1516
	Garten des Grafen von Paar		B 1523
	Schloß des Grafen Gundacker		B 1498
	Wirtshaus zum Schwarzen Bär		B 1532
	Kirche bei Maria Hulff auf der Leimgruben		B 1529
	Allee im Augarten bei Wien		B 1505
	Platz in Wien mit Hanswurst=Theater		B 1754
	Lustschloß zu Hellbrunn bei Salzburg..		B 1514
Klocker, Johann	Augsburg um 1630.		
	Das Aufschneidemesser		B 1110
Klüpfel, Johann Conrad	Um 1620. NKl. VII 69, NM. III 2130.		
	Die Freuden des Luthertums..		XII 52
Koller, Johann Georg	Augsburg um 1725.		
	Der Radmacher Joh. Guttmann		B 1325
Kramer, Hans Leon=hard	Nürnberg 1669. NKl. VII 158.		
	Nürnberger Kleidertrachten		B 1239
Kraus, Joh. Melchior	Augsburg um 1740.		
	Schlachthaus in Augsburg		VIII 110

		Kunsthandbücher	Standort
Kraus, Johann Ulrich	Augsburg, Nürnberg 1645—1719. NKl. VII 161, LB. II 474, NM. IV 595.		
	Das Heidelberger Schloß		B 1272
Kreß, Georg	Augsburg um 1591—1595. Weller Zeitungen 736 ff.		
	*Hexen in Jülich 1591		A 411
Kreydlein, Georg	Nürnberg um 1560. Weller Zeitungen 236.		
	*Wunderzeichen zu Bamberg		A 416
Küfner, Abraham Wolfgang	Nürnberg 1760—1817. NKl. VII 193, LB. II 478, NM. I 792.		
	Beerdigung des Herrn von Volkamer		B 1179
Küsell, Melchior	Augsburg, Wien 1622—1683. NKl. II 203, LB. II 479, NM. IV 1955.		
	Wildschweinjagd im Prater zu Wien		B 1472
	Fuchsprellen im Prater		B 1473
	Hirschjagd im Prater		B 1474
Lang, Georg	Nürnberg um 1580—1620. P. IV 60, NKl. VII 280, LB. II 489, NM. III 117 ff., Hampe Rats-verläße II 544, Weller Zeitungen 669.		
	*Zeyttung viler Gänße		VI 87
	*Die Meidhart alle Tag		A 644
Lautensack, Hans Sebald	Nürnberg, Wien 1524—1563. B. IX 208, P. III 260, NKl. VII 343, LB. II 506, NM. III 1543.		
	*Bildnis des Johannes Aventinus	B 1	A 316
Le Bas, Jacques Philippe	Paris 1707—1783. NKl. VII 369, LB. II 510.		
	Kegelnde Bauern nach Teniers	LB 213	B 975
Le Blond f. Boße.			
Lederlein, Jacob	Tübingen um 1580—1600. NKl. 388, NM. III 2720, 2760.		
	*Bildnis des Petrus Hypobemander ..		XII 29
Leitner, Johann Sebastian	Nürnberg 1715—1795. NKl. VII 409, LB. II 527, NM. III 1341.		
	Zuchthaus zu Schwabach		IV 138
Leizel, B. F.	Augsburg um 1740. NM. I 1844.		
	Botanischer Garten in Göttingen		IX 112
	Straßenbild aus Konstanz		B 1520
Lemberger, Georg	Mainz, Leipzig um 1515—1555. B. IX 434, NM. III 93, H. Röttinger in den Mitteil. d. Gesellsch. f. vervielfältig. Kunst in Wien.		
	*Bordüre mit der Messe des hl. Gregor		A 351
Leopold, Joseph Friedrich	Augsburg um 1750. NKl. VII 445.		
	Vornehme Gesellschaft beim Kartenspiel		B 1587
Lerch, J. M.	Prag, Wien um 1670—1680. NKl. VII 452, NM. IV 4.		
	Dekoration am Graben zu Wien		B 1366
	Errichtung der Dreifaltigkeitssäule ..		B 1460

		Kunsthandbücher	Standort
Leuczelburger, Hans	Basel um 1522—1526. B. VII 552, P. III 445, NKl. VIII 103, LB. II 578, NM. III 1209.		
	*Bauern und Nackte im Kampf	B 1	VI 110
Leyden, Lucas van	Leyden 1494—1533. B. VII 339, P. III 3, NKl. VII 480, LB. II 84, NM. IV 859, A. Durand et G. Duplessis, Lucas de Leyde, Paris 1882, Th. Volbehr, L. v. L., Hamburg 1888.		
	Tanz der hl. Magdalena	B 122	A 46
	Der Fahnenträger	B 140	A 874
	Landsknechte	B 141	I 20
	Blinde Bettler	B 143	X 23
	Älteres Paar lustwandelnd	B 144	A 511
	Bauernpaare auf dem Spaziergang ..	B 146	A 512
	Pilger auf der Landstraße	B 149	X 36
	Alter Mann mit Weintraube	B 151	A 513
	Musizierendes Ehepaar	B 155	A 514
	Der Ohrenarzt	B 156	A 515
	Der Zahnbrecher	B 157	A 516
	Hirt und Melkerin	B 158	VI 109
	Eulenspiegel und Bettlervolk	B 159	X 49
	Kaiser Maximilian	B 172	VII 57
	*Aristoteles und Phyllis		A 467
	Hl. Martin und der Bettler		A 735
Lievens, Jan	Antwerpen 1607—1663. NKl. VII 517, LB. II 551, NM. III 2721.		
	Der Spieler und der Tod	NM 11	B 1136
Lindemann, Christian Philipp	Augsburg, Dresden um 1725—1750. NKl. VII 533, LB. II 554, NM. II 561.		
	Illumination des Brühlschen Palais ..		B 1466
Lips, Johann Heinrich	Zürich 1758—1817. NKl. VIII 555, LB. II 555.		
	Bildnis des H. Pestalozzi		IX 117
Lochmann, Johann	Zürich um 1702—1732. NKl. VII 570, LB. II 558, NM. III 2742.		
	Züricher Artillerie		I 141
Löffler, Hans	Zwei Brüder, Hans Eckhard und Hans Heinrich, waren in Köln um 1630—1684 tätig. NM. III 2274, Merlo 260 ff.		
	Brauer und Jungfrau nach J. Toussyn		B 1155
Lorch, Melchior	Hamburg, Kopenhagen um 1527—1594. B. IX 500, P. IV 180, NKl. VIII 50, LB. II 569, NM. III 1965.		
	Ein Basilisk		A 781
	Dudelsackpfeifer und Knabe		B 1236
Löschenkohl, Johann	Wien um 1780—1800. NKl. VIII 6.		
	Einzug des Papstes Pius VI. in Wien		B 1463
	Ehrung Kaiser Josephs		II Beibl. 12
	Das Ende der Getränksteuer in Österreich		B 1563

		Kunsthandbücher	Standort
Löschenkohl, Johann	Liederliche Frauen werden geschoren ..		B 1636
	Die geschorenen Frauen kaufen Perücken		B 1637
	Au ballon volant		B 1756
	Jüdische Soldaten		XI 98
Lutken, Caspar	Nürnberg um 1680—1711. NKl. VIII 139, LB. II 581, NM. II 357.		
	Nürnberger Hochzeits-Aufwärterin ..		B 1082
Lutken, Jan	Amsterdam um 1649—1712. NKl. VIII 138, LB. II 581, NM. III 2731.		
	Verbrennen einer Frau		B 1203
	Folterung der Schulmeisterin Ursel ..		IV 64
	Ein Gefolterter und kartenspielende Henker		IV 65
	Schrauben und Ausbrennen der Zunge		IV 66
	Ertränken eines Verurteilten		IV 111
	Ertränken in Faß und Sack		IV 112
Maag, Johann Nepomuk	München um 1775—1780. NKl. VIII 149.		
	Der Gymnastiker Franz Urban		X 106
Mair von Landshut	Landshut in Bayern um 1492—1514. B.VI 362, P. II 156, NKl. VIII 203, LB. II 587, NM. I 987, IV 1586.		
	Die Gesellschaft im Garten	B 10	X 21
	Das Innere eines Hauses	B 11	A 51
	Jüngling und drei Mädchen auf einem Altan	B 12	A 37
	Die Begegnung an der Tür	P 13	A 50
	Jüngling und Frau im Gespräch	P 18	A 49
Mair, Lucas	Nürnberg um 1566—1595. Weller Zeitungen 676, Hampe Ratsverlässe 4122.		
	†Hinrichtung eines Bauern		VI 70
Manasser, Daniel	Augsburg um 1612—1630. NKl. VIII 241, NM. II 1232.		
	Belagerung von Magdeburg		B 938
Manasser, David	Augsburg 17. Jahrhundert.		
	Die beschwerliche Seuche des Wurms		III 108
Manasser, Hans Jörg	Augsburg um 1620—1630. NKl. VIII 241, NM. III 2454.		
	Der Wein tut das sein		B 920
Mansfeld, Sebastian	Wien 1770. NKLVIII 255, LB.II 596, NM.V 180.		
	Stubenmädchen nach Krininger		B 1738
	Köchin nach Krininger		B 1739
Marchand, Johann Christian	Nürnberg 1679—1711. NKl. VIII 301, LB. II 601.		
	Kaiser Leopold auf dem Sterbebett ..		B 1448
Mark, Quirin	Wien 1753—1811. NKl. VIII 338, LB. II 602.		
	Tod des Kaisers Joseph II.		B 1435

		Kunsthandbücher	Standort
Martiny, Peter Anton	Paris 1739—1800. NKl. VIII 369, LB. II 611.		
	Ländlicher Tanz nach Teniers..	LB 21	B 976
	Ländlicher Schmaus nach Teniers ..	LB 22	B 977
Matham, Jakob	Haarlem 1571—1631. B. III 129, NKl. VIII 421. LB. II 622, NM. III 2788.		
	Freuden der Küche	B 168	B 1016
Maulperch, Anton Franz	Wien 1724—1796. NKl. VIII 466, LB. II 626, NM. I 936.		
	Quacksalber-Theater	LB 9	X 99
Maurer, Christoph	Zürich, Straßburg 1558—1614. B. IX 383, P. IV 466, NKl. VIII 472, LB. II 628, NM. II 393, IV 1699, A. III 224.		
	Knaben-Wettlauf..	A 18	IX 99
	*Unterhaltungsspiele		A 696, 697
	*Bildnis des Konrad Gesner		VII 98
Mauritius, J. G.	Verleger in Halle a. S. um 1730.		
	Das Waisenhaus in Halle		IX 103
Meckenem, Jsrahel van	Bocholt um 1482—1503. B. VI 184, P. II 190, NKl. VIII 535, LB. II 633, NM. III 2806, Max Geisberg, Jsrael van Meckenem, Straßburg 1905.		
	Bildnis des Meisters und seiner Frau	G 1	A 82
	Geburt Mariä	G 10	V 9
	Christus mit den Jüngern in Emaus ..	G 119	A 69
	Arzt und Apotheker	G 272	III 70
	Tanz der Herodias	G 300	A 42
	S. Lukas malt die Madonna..	G 346	A 70
	Tanz für den goldnen Ring	G 383	A 47
	Fünf Psalmensprüche in Bildern	G 384	VIII 18
	Die spielenden Kinder	G 387	V 42
	Narr und Mädchen	G 397	A 6
	Liebesantrag	G 398	A 16
	Die Alte und der Jüngling	G 399	A 83
	Der Greis und das Mädchen	G 400	A 84
	Die beiden Kirchgänger	G 401	A 77
	Junger Edelmann und Edelfräulein ..	G 402	A 71
	Der Edelmann und seine Geliebte ..	G 403	A 74
	Das ungleiche Paar	G 404	A 75
	Der Gaukler und seine Frau..	G 405	A 76
	Die eifersüchtige Gattin	G 406	A 73
	Harfenistin und Lautenspieler..	G 407	A 78
	Sängerin und Lautenspieler	G 408	A 79
	Orgelspieler und Frau	G 409	A 80
	Frau mit jugendlichem Liebhaber.. ..	G 410	A 81
	Kartenspielendes Ehepaar	G 412	A 72
	Narr mit Hündchen	G 417	A 33
	Gruppe von Füchsen	G 424	A 778
	Bauer und Vogel-Ornament	G 455	A 34

		Kunstbandbücher	Standort
Meckenem, Israhel van	Ornament mit tanzenden Jünglingen ..	G 465	A 45
	Ornament mit Liebespaar	G 471	A 43
	Musizierendes Paar am Brunnen ..	G 472	V 122; A 23
Meil, Johann Wilhelm	Berlin 1733—1805. NKl. IX 5, LB. II 640, NM. IV 702, 2271.		
	Rückkehr aus dem Kriege..		B 1658
	Bildervorführung auf dem Jahrmarkt		X 87
	Gärtner bei der Arbeit		B 1716
	Ein Rosenkranz-Beter		B 1717
	Religiöser Unterricht		IX 116
	Kinder beim Pferdespiel		V 83
	Mädchen vom Rücken gesehen		B 1714
Meister mit den Bandrollen	Max Lehrs, Der Meister mit den Bandrollen, Dresden 1886.		
	Zwei Sibyllen	P II S. 20, Nr. 30 u. 32	A 89, 90
	Der Streit um die Hosen		A 20
Meister der Bergmannschen Offizin	Werner Weisbach, Meister der B.schen Offizin, Straßburg 1896.		
	Zwei Bauern im Gespräch		A 162
Meister der Boccaccio-Illustrationen	P. II 272.		
	Einzug des Königs Saul..	P 5	A 52
	Hinrichtung durch Ertränken	P 7	IV 28
	Marter auf dem Pflockbrett	P 8	IV 25
	Brunhildens Vierteilung	P 10	IV 29
	Tod des C. M. Arpinates	Willshire II 124 G	A 54
Meister des S. Eligius	Der hl. Eligius mit Gehilfen in der Werkstatt	P II 234, 164	VIII 15
Meister E. S. f. Monogrammisten.			
Meister des Hausbuches	Max Lehrs, Der Meister des Amsterdamer Kabinetts, 1893.		
	Aristoteles und Phyllis	L 54	A 26
	Drei lebende und drei tote Könige ..	L 57	A 53
	Der Jüngling und der Tod	L 58	III 144
	Der Dudelsackpfeifer	L 62	X 18
	Zwei Ringer	L 63	X 17
	Mann zwischen Frau und Geliebte ..	L 66	A 22
	Die Jäger auf der Hirschjagd	L 67	A 772
	Zwei Mönche..	L 68	A 94
	Zwei Nonnen	L 69	A 93
	Zwei Jäger Arm in Arm	L 70	A 66
	Zwei Männer im Gespräch	L 71	A 67
	Der Auszug zur Jagd	L 72	A 65
	Kartenspielende Gruppe	L 73	A 21
	Ein sich kratzender Hund	L 78	A 776

		Kunsthandbücher	Standort
Meister der Liebes=gärten	Max Lehrs, Der Meister der Liebesgärten, Leipzig 1893.		
	S. Eligius in der Werkstatt	L 13	VIII 17
	Ein Minnehof	L 16	A 11
	Liebesgarten mit Vögeln	L 17	A 17
Meister des heil. Sebastian	Zwei Drachen	P II 242, 223	A 784
	Zwei Löwen	Willshire II, III G 144	A 783
Meister der Spiel=karten	S. Georg tötet den Drachen	P II 71, 3	A 62
Meldemann, Nicol.	Nürnberg um 1520—1547. B.VII 481, P. II 244 NKl. IX 58, LB. III 1, NM. IV 2471, Hampe, Ratsverläſſe 1344.		
	*Nasentanz in Gümpelsbrunn	B 1	VI 77
	*Feldarzt und Gehilfe	P 9	III 37
	*Krieger mit Beute	P 14	X 90
	*Soldat Wintergrün und Knabe	P 15	I 25
Merckel, Jörg	Nürnberg um 1553—1562. Weller Zeitungen 201.		
	*Erschröcklich geschicht zu Derneburg ..		A 410
Merian	Die Familie hatte ihren Hauptwohnsitz in Frank=furt. Der Vater Matthäus lebte von 1593—1651; seine Söhne Matthäus (1621—1687) und Caspar (1627—1700) halfen ihm und setzten seine Arbeiten fort. NKl. IX 137 ff., LB. III 12 ff.		
	Allegorien zu Zinkgreff Emblemata 1614		II 45; V 36; A 835—837
	Geschichtliche Darstellungen zu Gottfrieds Chronika 1632		III 67; VII 107; XI 35
	Eine Druckerei. Aus demselben Werk		A 294
	Ansicht von Bremen		II 120
	Die Stadt Castell		B 1385
	Das Bad Ems		III 52
	Frankfurt am Main vom Wasser gesehen		II 87
	Der Marktplatz in Frankfurt a. M. ..		II 97
	Preisstechen in Frankfurt a. M.		B 1313
	Belagerung von Frankfurt a. d. Oder		B 937
	Die Landstraße zu Hernals		B 1250
	Belagerung von Hohentwiel		B 939
	Kolberg an der Ostsee		I 117
	Grundsteinlegung der evangel. Kirche in Regensburg		XII 67
	Straßburgs Festungsanlagen		I 152
	Dorflandschaften		VI 139—142; B 1031, 1032
	Ein Schloß mit Ziergarten		B 1500
	Vexierbild mit einer Burglandschaft ..		B 1033

		Kunsthandbücher	Standort
Merian	Des Säckels Heulen		B 953
	Ein Jagdfrühstück		B 1026
	Bärenjagden		B 1024, 1027
	Eine Saujagd		B 1025
	Eine Hirschjagd		B 1028
	Vogelfang		B 1023
	Fischfang..		B 1029, 1030
Merz, J. G.	Augsburg um 1730.		
	Spießrutenlaufen der Justitia		IV 143
	Prozession zu Weßobrunn		B 1446
Mettenleiter, Jakob	München, Augsburg, St. Petersburg 1750—1825. NKl. IX 178, LB. III 17.		
	Spinnendes Bauernmädchen		VI 156
	Bauernkinder pflügen das Feld		VI 157
	Eine Bauernfamilie		B 1729
	Der Arzt am Krankenbett		III 136
	Im Frauen-Krankenhaus		B 1726
	Im Männer-Krankenhaus		B 1727
	Erklärung von Bildern		B 1720
	Wintervergnügungen		B 1731
	In der Schule		B 1721
	Preisverteilung an fleißige Schüler ..		V 117
	Kinder bei der Schularbeit		B 1725
	Knaben begegnen ihrem Lehrer		B 1730
	Knaben warten auf ihr Mittagbrot ..		B 1724
	Knaben spielen Soldaten..		B 1723
	Angelnde Knaben		B 1728
	Mutwillige Knaben am Bienenhaus ..		B 1722
Mettenleiter, Johann Michael	Augsburg, München 1765—1853. NKl. IX 179, LB. III 17, NM. III 2796.		
	Das Erntefest		VI 158
	Folterung und Gefängnis		IV 67, 117, 137
	Spielende Kinder		V 78—81
	Ermahnung der Kinder		V 115
	Der Faule auf dem Esel..		V 116
	Der hl. Nikolaus am Weihnachtsabend		V 99
	Kinder spielen mit Feuer		V 97
Metzger, Christoph	Frankfurt um 1660—1680. NKl. IX 189, LB. III 18, NM. II 411.		
	Freischießen zu Frankfurt 1671	NKl 3	B 1310
Meyer, Conrad	Zürich, Frankfurt, Augsburg 1618—1689. NKl. IX 209, LB. III 19, NM. II 417		
	Kinderspiele		V 72—77
	Kinderzucht		V 44
	Tischzucht..		V 53
	Pflicht der Kinder		V 45

		Kunſthandbücher	Standort
Meyer, Johann	Zürich, 1655—1712. NKl. IX 222, LB. III 22, NM. III 2863.		
	Herſtellung von Bomben		B 948
Meyer, Rudolf	Zürich, Frankfurt 1605—1638. NKl. IX 227, LB. III 23, NM. IV 3726.		
	Plünderung im Dreißigjährigen Krieg .	NKl 6	I 93
	Überfall durch Landſtreicher		I 84
	Aus dem Totentanz		I 96
Mielich ſ. Muelich.			
Miricenys, Peter	Antwerpen um 1555—70. NKl. IX 312, LB. III 30, NM. IV 1771, I 959.		
	Der Niemand	NM 11	B 1012
	Bauern-Faſtnacht		X 77
	Fette Küche	LB 13	B 1011
	Magere Küche	LB 14	B 1013
	Schulſzene nach P. Breughel		IX 39
Monath, P. C.	Nürnberg um 1770. NKl. IX 389.		
	Nürnberger Kindertrachten		V 127, 128
Monogrammiſt A̶	Leipzig um 1520. NM. I 34.		
	*Borbüre mit muſizierenden Engeln (Ausſchnitt)		A 550
Monogrammiſt AED	Deutſchland 1618. NM. I 423.		
	Bauern in der Kanzlei eines Advokaten		IV 88 ·
Monogrammiſt BF	Roſtock(?) 1618. NM. I 2343.		
	Bildnis des Profeſſor Eilhard Lubinus		XII 55
Monogrammiſt b×8	Rheiniſch um 1467—1480. B. VI 68, P II 121, NM. I 2079, Lehrs Nürnberger Kat. 28.		
	Reitendes Paar .. .. :.	B 13	A 5
	Kind im Bade	B 15	V 31
	Sitzendes Kind	B 16	V 33
	Kind mit Breinapf	B 18	V 32
	Bettler mit Frau im Schubkarren ..	B 20	X 16
	Liebespaar mit Hündchen	B 21	A 28
	Liebespaar am Brunnen	B X 47, 17	A 30
	Ein Bettlerpaar	P 24	X 14
	Bauernpaar beim Eſſen	P 26	A 29
	Lautenſpielender Narr und Köchin ..	P 27	A 24
	Zerlumptes Bauernpaar	P 29	X 15
	Kartenſpielendes Paar	P 31	A 31
	Bettelkinder mit Mutter	P 33	V 129
	Spielende Kinder	P 36	V 34
Monogrammiſt BH	Deutſchland um 1550. B. IX 532.		
	*Zwei ſitzende Liebespaare und ein Narr	B 33	A 491
Monogrammiſt BHKNGF	Deutſchland um 1590. NM. I 1922.		
	Eine Dame mit deutſchem, franzöſiſchen und ſpaniſchen Kavalier	N 1	B 1099

		Kunsthandbücher	Standort
Monogrammist BR mit dem Anfer	Köln. Künstler im letzten Viertel des 15. Jahrh. B. IV 394, P. II 145, NM. I 2033.		
	Tod und König spielen Schach	B VI 307, 170	A 41
	Aristoteles und Phyllis	B X 52, 27	A 27
	Betrunkener Bauer und Weib.	B X 50, 24	A 507
Monogrammist BV mit dem Schneidemesser	Straßburg oder Basel um 1560—1575. B IX 424, P. IV 330, NM. I 2096.		
	*Satire auf die Völlerei in Deutschland		A 645
Monogrammist CA	Basel oder Straßburg 1519. NM. I 2186.		
	*Murners Geuchmatt		A 251, 305
Monogrammist CB mit dem Augsburger Pinienzapfen	Augsburg 1531. B. VIII 533, P. III 291, NM. I 2294.		
	Der hochmütige Ritter und der Bettler	P 6	II 72
Monogrammist C.G.R. aus Döbeln	Hamburg 1760.		
	Ein Fleischdieb am Pranger		IV 116
Monogrammist C W	Salzburg 1556. NM. II 825.		
	*Das Sakrament der Taufe		A 350
Monogrammist DC	Halberstadt 1520. B VII 472, P IV 302, NM. II 65, 2795.		
	*Der hl. Hieronymus im Schreibzimmer		IX 2
Monogrammist DVH	Niederlande um 1613. B. IX 96, NM. II 1437.		
	Tanzende Bettlerpaare		X 73, 74
Monogrammist EL	Niederrheinischer Künstler um 1530. NM. II 1660.		
	Kavalier und Dame mit Pokal		V 123
Monogrammist Meister € ℨ	Oberrhein um 1450—1470. B IV 4, P. II 41, NK1. IX 15, NM. II 1763, Lehrs, die Spielkarten des Meisters € ℨ, 1891.		
	Simson und Delila	B 3	A 7
	Das Jesuskind im Bade	B 85	V 10
	S. Katharina..	B X 33, 62	A 458
	Liebespaare bei der Mahlzeit	P 90	A 36
	Der Liebesgarten	P 98, 81	A 14
	Liebespaar am Brunnen	P 188	A 19
	Das Brautpaar	R.f.K.XVI 32	A 35
	Ritter und Dame mit Turnierlanze ..	B 91	A 15
	Ritter und Dame..	B·VI 307, 167*	A 4
	Jüngling küßt ein Mädchen	B VI 306, 166	A 3
	Liebespaar auf Rasenbank	B X 53, 29	A 8
	Schachpartie im Garten	B X 54, 31	A 9
	Flötender Narr und nacktes Mädchen		A 10
	Groteskbuchstabe Ï	B 103	X 19
	Spielkarte	L 14; 11	A 283
	Spielkarten	L 15; 2, 4, 6, 7, 8	A 57, 58, 60, 61; X 9
	Spielkarte	L 16; 9	X 8
	Spielkarten	L 17; 23, 24	A 63, 64

		Kunsthandbücher	Standort
Monogrammist FHB	Holland zweite Hälfte des 16. Jahrhunderts. NM. II 2168.		
	Das durstige Ehepaar		B 1018
Monogrammist FVB	Niederdeutschland Ende des 15. Jahrhunderts. B VI 77, P. II 186, NM. II 2552.		
	Beim Kegelspiel raufende Bauern ..	B 35	VI 33
	Versuchung des hl. Antonius	P 45	A 385
	Die hl. Katharina	P 51	VII 31
Monogrammist GWHAB	Deutschland 1569. B. IX 500, NM. III 485.		
	Ein Kavalier spielt die Laute	B 1	A 560
Monogrammist H D	Deutschland 1545. NM. III 808.		
	*Ein Landsknechts-Hauptmann		I 36
	*Hurenwebel mit Dirne		X 89
	*Ein Scharfrichter		IV 128
Monogrammist H F ſ. Hans Frank.			
Monogrammist H G	Straßburg 1518. NM. III 945.		
	*Ein Ehepaar bei einem Notar	N 1	A 244
Monogrammist H R	Deutschland erste Hälfte des 16. Jahrhunderts. B. VIII 5, NM. III 638.		
	Die hl. Jungfrau gibt dem Kind zu trinken	B 1	V 27
Monogrammist H R	Tübingen(?) 1578.		
	*Bildnis des Nikodemus Frischlin		VII 93
Monogrammist H S	Deutschland um 1575.		
	Wirt und Hirt		A 709
Monogrammist H A S	Augsburg(?) um 1530. NM. III 1488.		
	*Allegorie auf das Grab		A 445
Monogrammist h w	Bayern(?) 1482. B. VI 312, P. II 154, NM. III 1691.		
	Die Macht des Todes	B 2	III 143
	Dame mit leerem Spruchband	B 3	A 13
Monogrammist H W G	Nürnberg(?) um 1560. P. IV 303, NM. III 1722.		
	*Die Rückkehr des verlorenen Sohnes ..	N 1	A 250
	*Der Evangelist Johannes auf Patmos	N 2	VII 1
	*Die Hirschjagd mit aufgestellten Netzen	N 3	A 832
	*Ein Reiter nähert sich einer Stadt ..		II 51
Monogrammist H W S	Augsburg um 1515. NM. III 1727.		
	*Weinlese und Weinprobe		A 601
Monogrammist ·H·X·C·	Deutschland 1532. NM. III 1729.		
	Bildnis des Hans Sebald Beham ..		A 444
Monogrammist I B	Deutschland 1523—1530. B. VIII 299, P IV 97, NM. III 1950.		
	Zwei Damen und der Marktbauer ..	B 37	A 205
Monogrammist i ℒ e	Niederdeutschland(?) Ende des 15. Jahrhunderts.		
	Halbfigur eines Bauern		VI 17

		Kunsthandbücher	Standort
Monogrammist I.F.F.B	Deutschland 1650—1665. NM. III 2338.		
	Der Tier- und Jäger-Krieg		A 839
Monogrammist ·I·H·V·E	Deutschland um 1530. P. IV 166, NM. III 2614.		
	Maria mit dem Kinde unter einem Baume..		A 459
Monogrammist I R mit dem Schneidemesser	Sachsen um 1580. P. IV 334, NM. IV 322.		
	*Knabe reitet auf dem Steckenpferd ..	P 1 a	V 64
	*Kleines Mädchen mit einer Puppe ..	P 1 a	V 65
	*Eine Frau in mittlerem Alter mit Tochter	P 1 d	V 60
Monogrammist KGHSBMF	Deutschland 1583. NM. IV 791.		
	Der Vogelsteller, der Hasen fängt ..		A 646
Monogrammist L C z	Um 1500 tätig. B. VI 361, P. IV 288, NM. IV 1008.		
	Die hl. Katharina in einem Zimmer ..	P 8	A 457
Monogrammist MC	Straßburg 1512. NM. IV 1700.		
	*Herzogin Katharina von Braunschweig und ein Schriftsteller		VII 100
Monogrammist M W s. Wörle.			
Monogrammist M Z	München um 1500. B. VI 371, P. IV 169, NM. IV 2278.		
	Ballfestlichkeit des Herzogs Albrecht ..	B 13	A 44
	Turnier zu München	B 14	A 721
	Ein sich umarmendes Liebespaar	B 15	A 68
	Liebespaar an einem Weiher	B 16	A 501
	Aristoteles und Phyllis	B 18	A 470
	Edelmann und Frau zu Pferd	B 19	A 502
	Landsknechte auf dem Marsch	B 20	I 21
	Licht und Finsternis	B 21	A 620
Monogrammist N S	Deutschland um 1530. B. VII 542, P. IV 40, NM. IV 2545, 2551.		
	Landsknecht und Mädchen mit Schoßhund	P 2	A 500
Monogrammist P M	Niederrhein um 1480. B. VI 415, NM. IV 3138.		
	Der bethlehemitische Kindermord	P II 81, 1	A 55
Monogrammist PR	Zwickau 1573. B. IX 547, NM. IV 3239.		
	Belustigungen auf dem Zwickauer Stadtschießen		A 719
Monogrammist P W	Umgegend von Mainz um 1500. B. VI 309, P. II 159, NM. IV 3429.		
	Zwei Soldaten im Gespräch	B 3	I 5
	Szene aus dem Schwabenkrieg	P II 161 f.	I 12
	Ritter und Lautenspielerin	P II 162, 7	A 18
Monogrammist R H	Frankfurt a. O. 1555. NM. IV 3650.		
	*Landsknecht mit Pluderhosen als Titelbild		XII 53
Monogrammist SAP	Deutschland um 1550. P. IV 265, NM. IV 3946.		
	Der Geigenspieler Hans Bach	P 1	B 1242

		Kunsthandbücher	Standort
Monogrammist S G	Nürnberg, Augsburg um 1550—1560. NM. IV 4104.		
	*Belagerung des Schlosses Rauhu Kulm		A 901
	*Jagd auf Wasservögel		A 786
	*Vogelfang in verschiedener Art		A 788
Monogrammist S N mit Handelsmarke	Straßburg um 1580—1590. NM. III 1523.		
	*Der egyptische Ichneumon		X 86
Monogrammist T P	Augsburg 1786.		
	Vorstellung des blinden Toni..		IV 97
Monogrammist T R mit dem Schneidemesser	Ingolstadt 1587. NM. IV 824.		
	*Verspottung des Luthertums		XII Beil. 1
Monogrammist V W	Deutschland letztes Viertel des 16. Jahrhunderts. B. IX 564, P. IV 320, NM. V 1423.		
	Schlittenfahrt mit Maskerade	B 1	B 1536
Monogrammist W 4	Burgund um 1465—1480. B. VI 56, P. II 279, NM. V 1441, Max Lehrs, Der Meister W 4. Dresden 1896.		
	Der hl. Quirin	L 19	III 62
	Krieger bei einem erbeuteten Zelt.. ..	L 22	A 56
	Reiterei Karls des Kühnen	L 26	A 59
	Fußvolk Karls des Kühnen	L 28	I 6
	Ein Segelschiff	L 33	II 44
	Gotischer Altar	L 59	A 96
Monogrammist W + B	Süddeutschland um 1590. P. II 270, NM. V 1557.		
	Der Mann mit dem Turban	P II 263, 58	A 87
	Brustbild einer jungen Frau	P II 270, 61	A 86
	Bildnis eines Greises.	Raum. Arch. VI 113, 121	A 85
	Brustbild einer jungen Dame	Raum. Arch. VI 114, 124	A 88
Monogrammist W A H	Franken um 1485. B. VI 400, P. II 129, NM. V 1699.		
	Der Liebesgarten	P 32	A 38
	*Gegenseitige Holzschnittkopie	P 32	A 39
Monogrammist W I mit dem Schneidemesser	Zürich, Basel um 1547—1550. B. IX 168, P. III 448, NM. V 1735.		
	*Der modisch gekleidete Landsknecht ..	P III 438, 32	A 897
Montalegre, Joseph von	Frankfurt, Nürnberg um 1700—1715. NKl. IX 418, LB. III 42, NM. III 1885.		
	Bildnis des Superintendenten Jakob Spener		XII 86
Moser, Michel	Deutschland oder Schweiz 1561.		
	*Gattenmord und Hinrichtung des Mörders		VI 71

		Kunſthandbücher	Standort
Mog, J. M.	Süddeutſchland um 1750.		
	Bürgerliche Trachten..		IV 129; V 20; XII 95, 96; B 1573—1580
Muelich, Hans	München 1515—1572. P. III 316, NM. III 1246.		
	*Hirſchjagd in der Pfalz		A 770, 771
	*Belagerung von Ingolſtadt	P 1	I 70; A 906
Müller, Chr.	Deutſchland im 18. Jahrhundert.		
	Die Verbrecherin Anna Schulze im Gefängnis		B 1209
Müller, Johann Gotthard	Stuttgart 1747—1830. NKl. X 5, LB. III 69, NM. III 2456.		
	Bildnis des Moſes Mendelsſohn.. ..	LB 21	XI 95
Muller, Jan	Amſterdam um 1570—1602. B. III 261, NKl. IX 568, LB. III 66, NM. IV 2.		
	Bildnis des Wiedertäufers Knippers dolling	B 25	A 326
de Regter ſ. De Regter.			
Rel, Johann	München um 1573—1590. NKl. X 181, NM. IV 2430, Butſch II 40.		
	*Vorbüle zu Sales, missae solemnes ..		A 556
Reſſenthaler, Georg David	Augsburg um 1695—1730. NKl. X 193, LB. III 96, NM. II 2867		
	Klage über die ſchlechte Zeit		B 1634
Neubauer, F. L.	Deutſchland 1790—1800. NKl. X 200, NM II 2259,.		
	Krönung Leopolds II. in Frankfurt ..		B 1404
Rilſon, Johann Eſaias	Augsburg 1721—1788. NKl. X 139, LB. III 99, NM. II 1700, III 2277.		
	Die Reize der Malerei		B 1608
	Mit Flöte und Hackbrett muſizierendes Paar		B 1609
	Lautenſpielende Dame und Kavalier ..		B 1611
	Singende Dame am Spinett..		B 1614
	Schäferin lernt das Flötenſpiel		B 1602
	Geſang mit Flötenbegleitung		B 1600
	Die Macht der Muſik		B 1625
	Kavalier und Damen am Billard ..		B 1633
	Kartenſpielende Geſellſchaft		B 1601
	Geſellſchaft beim Brettſpiel		B 1632
	Liebespaare am Springbrunnen		B 1605
	Schlittſchuhlaufendes Paar		B 1613
	Vergnügen auf dem Eiſe..		B 1591
	Menuett im Freien		B 1590

		Kunsthandbücher	Standort
Nilson, Johann Esaias	Das überraschte Liebespaar		B 1603
	Ständchen bei Laternenlicht		B 1594
	Masken steigen aus einer Equipage ..		B 1589
	Begegnung am Parktor		B 1606
	Konversation im Park		B 1607
	Der Morgengruß..		B 1593
	Gärtner und Gärtnerin		B 1610
	Gartenarbeiten		B 1620
	Gutsherrschaft und Schnitter..		VI 148
	Spinnstube im Dezember..		VI 149
	Koch und Köchin		B 1624
	Untugenden der Mägde		B 1621
	Fröhliche Schmauserei im Freien.. ..		B 1604
	Jäger bei der Rast		B 1615
	Rückkehr von der Jagd		B 1612
	Die Freuden der Jagd (Monat November)		B 1596
	Der Fischfang (Monat Juni)..		B 1595
	Freude in Friedenszeit		B 1599
	Liebeswerbung bei einer Witwe		B 1626
	Die mutwilligen Kinder		V 58
	Der faule Knabe und das fleißige Mädchen		B 1623
	Der Faulenzer und seine Begleiter ..		B 1622
	Der Arzt und die Alte		VII 112
	Der rauchende Trinker		B 1616
	Der Affe als Richter..		B 1618
	Augsburger Trauerkleidungen		B 1617, 1619
Nitsche, G.	Sachsen um 1725.		
	Das Faß auf der Festung Königstein..		B 1269
Nußbiegel, Georg Peter	Nürnberg 1713—1776. NKl. X 288, LB. III 109.		
	Einzug des Markgrafen Friedrich in Erlangen		B 1454
	Hirschjagd bei Eybach		B 1475
Nützel, Hieronymus	Sachsen um 1580—1600. B. IX 581, NKl. X 285, LB. III 109, NM. III 1297, 1298, A. II 101.		
	Die Hoffart	A 12	B 1100
Olmütz, Wenzel von	Um 1480—1500. B. VI 317, P. II 132, Lehrs, Wenzel von O., Leipzig 1890.		
	Die Goldwägerin..	L 61	A 48
	Der Papstesel..	L 66	XII 8
	Dame mit Laute	L 67	A 12
	Die Landstreicher		V 35

		Kunsthandbücher	Standort
Opel, Peter	Regensburg um 1580—1600. NKl. X 362, LB. III 119, NM. IV 2663, A. II 112.		
	Das Stahlschießen in Regensburg ..	A 2—6	A 714—718
Ostade, Adriaen van	Amsterdam 1610—1685. B I 347, NKl. X 393, LB. III 123, NM. I 1093.		
	Der leere Krug	B 15	B 991
	Kind und Puppe	B 16	V 68
	Lehrer und drei Schüler	B 17	IX 87
	Angler auf einer Brücke	B 26	B 988
	Der Familienvater	B 33	B 990
	Der Quacksalber	B 43	B 993
	Holländische Bauernstube	B 46	VI 40
	Zechende Bauern	B 52	B 992
	Die große Dorfschule		IX 88
	Übler Geruch		B 989
	Der Dorfrezitator		B 1050
	Operation am Arm (Paul Fürst)		B 1049
	Der Trinker mit dem hohen Glase (Sunderhof)		B 1052
Ostade, Isaak van	Haarlem um 1612—1650. NKl. X 409.		
	*Burleske Figuren nach Callot		B 954—973
Osten, Carl Heinrich v.	Stettin im 17. Jahrhundert.		
	Das Residenzschloß in Stettin		B 1365
Ostendorfer, Michael	Regensburg um 1519—1532. B. IX 154, P. III 310, NKl. X 413, LB. III 131, NM. IV 2024. A. Hagelstange in der Friedrich Schneider-Festschrift 1906.		
	*Die schöne Maria von Regensburg ..	P 13	A 345
	*Astronomische und geometrische Beobachtungen	P 15	VII 95
	*Aderlaßtafel zur Pestzeit	NM 25	III Beil. 2
Paur, Hans	Nürnberg um 1470—1492. Hampe 470.		
	*Das zur Wirtschaft nötige Hausgerät ..	Schr. 1991	A 99
Pedro, Francesco del	Venedig um 1736—1780. NKl. XI 48, LB. III 155.		
	Die Fußoperation nach Teniers		III 106
Pelletier, Jean	Paris um 1760. NKl. XI 61, LB. III 158.		
	Offiziere beim Wirtshaus nach C. Troost		B 1248
Petrarka-Meister f. Weidiß.			
Pfeffel, Johann Andreas	Wien, Augsburg um 1700—1750. NKl. XI 207, LB. III 184, NM. III 1896.		
	Eine schweizer Dienstmagd		B 1085
Pinz, Johann Georg	Augsburg † 1767. NKl. XI 333.		
	Vorzimmer im Rathaus zu Augsburg		B 1555
	Des Rats Gerichtsstube		B 1556

		Kunsthandbücher	Standort
Pinz, Johann Georg	Die Steuerstube im Rathaus..		B 1557
	Der untere Rathaus-Saal		B 1558
Plegind, Martin	Ansbach um 1580—1600. B. IX 590, P. IV 244, NKl. XI 411, LB. III 216, NM. IV 2059, A IV 24.		
	Zwei Leute mit einer Narrenlast	A 60	A 671
Porzelius, Elias	Nürnberg 1662—1722. NKl. XI 514, LB. III 239, NM. II 1712.		
	*Ein Fuhrmann holt Kaufmannsgüter..		II 127
	+Unterricht in weiblichen Handarbeiten..		V 118
	*Ein Schlosser mit seinen Gesellen.. ..		VIII 66
	*Ein Wagner in seiner Werkstätte.. ..		VIII 67
Prenner, Anton Joseph von	Wien 1698—1761. NKl. XII 40, LB. III 247.		
	Zeltlager mit Männern und Frauen ..		I 124
	Überfall eines Dorfes		VI 132
	Soldatentroß auf dem Marsch		B 947
	Besichtigung einer Gemäldegalerie. ..		B 1251
	Belustigungen auf dem Eise		B 1336
Probst, Joh. Michael	Augsburg um 1750—1765.		
	Ein preußisches Feldlager		I 127
	Feldlager Friedrichs des Großen.. ..		I 129
	Parade vor Friedrich II.		I 153
	Kaiserliche Truppen		I 121
Puschner, Joh. Georg	Nürnberg um 1720—1725. NKl. XII 119, NM. IV 2745.		
	Doktorpromotion zu Altdorf		IX 70
	Disputation der Theologen		IX 67
	Empfang des Prokanzlers		VII 126
	Die Peter-Pauls-Prozession		IX 68
	Zug der Professoren in die Stadtkirche		B 1543
	Die Universitätsbibliothek..		B 1252
	Das Alumneum		IX 69
	Das anatomische Theater..		III 110; IX 109
	Laboratorium chemicum..		III 107
	Umzug der Tuchmacher in Nürnberg ..		B 1327
	Jüdische Zeremonien		B 1185—1193
Quad, Mathias	Köln 1557—1610. NKl. XII 135, LB. III 260, NM. IV 2085, Merlo 332.		
	Der Kragensetzer. Satire..		B 1143
Rauch, Matthes	Nürnberg um 1568—1610. Weller Zeitungen 490, Hampe Ratsverl. II 731.		
	*Spruchsprecher Michael Springenklee..		B 1234
Regenfues, Franz Michael	Nürnberg, Kopenhagen um 1720—1780. NKl. XII 363.		
	Krönungsmahl für Karl VII. in Frankfurt		B 1407

		Kunsthandbücher	Standort
Regius	Dresden um 1715.		
	Damenkaruffell mit fürstlichen Personen		B 1469
Rembrandt van Ryn	Amsterdam 1606—1669. NKl. XII 435, LB. III 300, NM. IV 3649, A. Bartsch, Oeuvre de Rembrandt, Wien 1797, Linck in Naumanns Archiv VI 31.		
	Wandernde Musikanten	B 119	X 80
	Rattengiftverkäufer	B 121	B 997
	Synagoge zu Amsterdam	B 126	XI 59
	Der Beter im Lehnstuhl	B 128	B 1005
	Wandernde Bauern	B 131	B 1003
	Jude mit hoher Mütze	B 133	XI 57
	Das Bettlerpaar	B 144	B 995
	Der Lastträger	B 161	B 1000
	Bettler bei einem Hügel	B 165	B 1004
	Bettlerin mit Krückstock	B 170	B 996
	Zerlumpter Kerl mit Stock	B 172	B 1006
	Bettler mit Glühpfanne	B 173	B 994
	Bettlerfamilie vor einer Haustür.. ..	B 176	B 1002
	Frierender Bauer	B 177	B 1001
	Der gleichmütige Bauer	B 178	B 998
	Eulenspiegel und Schäferin	B 188	VI 137
	Landschaft mit dem Milchmann	B 213	B 1352
	Landschaft mit der Kutsche	B 215	B 1349
	Heuschober und Schafherde	B 224	B 1350
	Landgut des Goldwägers..	B 234	B 1353
	Die hölzerne Brücke	B 246	B 1351
	Landschaft mit Weggeländer	B 247	B 1354
	Israel ben Manasse	B 269	XI 58
	Doktor Fauft..	B 270	VII Beil. 1
	Ephraim Bonus	B 278	XI 44
	Mädchen mit Handkorb	B 356	B 999
Remshart, Carl	Augsburg um 1725—1755. NKl. XII 550, NM. II 618.		
	Der Brotmarkt in Augsburg		B 1526
	Eine Straße in Augsburg		II 132
	Festgottesdienst in der Barfüßerkirche..		XII 82
	Armbrustschießen in Augsburg		B 1311
	Der Schießplatz Rosenau bei Augsburg		B 1542
	Schloßgarten zu Nymphenburg		B 1509
	Stock am Eisen in Wien		VIII 113
	Besichtigung von Gobelins		B 1257
Resch, Hieronymus(?)	Nürnberg um 1530. NKl. XIII 40, LB. III 321, NM. III 1394.		
	*Die geistliche Narrenmühle		A 664

		Kunsthandbücher	Standort
Refch, Wolfgang	Nürnberg um 1530 NKl. XIII 42, LB. III 321, NM. V 1890, Hampe Ratöverf. 1894.		
	*Die weise Frau. Allegorie		A 581
Richter, Johann Salomon	Dresden, Leipzig 1761—1802. NKl. XIII 143, LB. III 332.		
	Leipziger Marktfiguren		B 1743—1748
Ribinger, Johann Elias	Augsburg 1698—1767. NKl. XIII 160, LB. III 332, NM. II 1740, G. A. W. Thienemann, J. E. Ribinger, Leipzig 1856.		
	Bestellen des Hirsches mit dem Leithund	T 16	B 1484
	Parforcejagd	T 21	B 1478
	Wasserjagd auf Hirsche	T 23	B 1477
	Anblasen einer Jagd	T 25	B 1479
	Wie Rebhühner tyrassiert werden ..	T 97	B 1489
	Krähen-, Elstern- und Rabenhütte ..	T 98	B 1488
	Parforcejagd mit Meute	T 115	B 1485
	Vogelfänger auf dem Zug zum Vogelherd	T 131	B 1482
	Vogelfänger mit Schuhu und Leimspillen	T 132	B 1483
	Rast während der Jagd	T 239	B 1491
	Wildschwein im Forst Dürenpuch.. ..	T 265	B 1487
	Kampf zwischen Hecht und Fuchs ..	T 317	B 1486
	Auszug zur Jagd..	T 359	B 1490
Rogmann, Geertruyt	Niederlande um 1680. B. IV 36, NKl. XIII 317, LB. III 350, NM. III 316.		
	Zwei Stickerinnen	NKl 16	B 1088
	Magd in der Küche	N 18	B 1089
	Die Näherin neben dem Totenkopf ..	N 19	B 1091
Röhnlein, Philipp	Ulm um 1586—1598. NKl. XIII 295, NM. IV 3038, A II 220.		
	*Bildnis des Predigers P. Hypobemander	A 1	XII 29
Rollos, Peter	Leipzig, Berlin um 1610—1630. NKl. XIII 326, LB. III 352, NM. IV 3254.		
	Vorlesung eines Professors		IX 66
	Studenten bei Wein und Obst		IX 75
	Studentengelage mit Mädchen		B 1125, 1129
	Studentengelage im Freien		B 1130
	Studenten im Tanzsaal		B 1132
	Ballspielende Studenten		B 1126
	Studenten am Spieltisch..		B 1127
	Student und Mädchen beim Brettspiel		B 1131
	Gesang der Schlemmer		B 1128
Romstedt, Christian	Leipzig um 1645—1690. NKl. XIII 343, LB. III 354, NM. II 598.		
	Bildnis des Theodor Großgebauer ..	LB 22	XII 76
Rosenberg, Wilhelm	Berlin 1737—1809. NKl. XIII 394, NM. IV 359.		
	Berliner Spielwarenhändler		V 69

		Kunsthandbücher	Standort
Nößler, Michael	Augsburg, Nürnberg, Kopenhagen um 1720—60. NKl. XIII 303, NM. IV 2109.		
	Geschlechter-Turnier zu Nürnberg ..		II 28
	Die Münzsammler		B 1259
Roßmäßler, Johann August	Leipzig um 1752—1783. NKl. XIII 443, LB. III 366, NM. IV 3772.		
	Auerbachs Hof in Leipzig	NKl. 2	II 123
	Vor dem Leipziger S. Thomastor ..	N 3	B 1545
Rubens, Peter Paul	Antwerpen 1577—1640. NKl. XIII 513, LB. III 376, H. Hymans, Gravure dans l'école de Rubens, Brüssel 1879.		
	*Liebespaare bei der Wassergrotte	NKl. VI 436, 14	B 1037
Rugendas, Johann Christian	Augsburg 1706—1781. NKl. XIV 20, LB. III 377.		
	Gutsherrschaft und Arbeiter (Die Erde)		VI 147
	Die Magd und der Fischerknabe (Das Wasser)		B 1631
Rugendas, Johann Lorenz	Augsburg 1775—1826. NKl. XIV 21, LB. III 378, NM. IV 1311.		
	Plünderung eines Dorfes durch Panduren		I 161
Sadeler, Egidius	Antwerpen 1570—1629. NKl. XIV 153, LB. III 395.		
	Wagen auf der Landstraße nach Breughel	N 221, 9	II 100
Saenredam, Jan	Holland 1565—1607. B. III 215, NKl. XIV 167, LB. III 403.		
	Schulgang der Kinder	B 91	V 109
Saldörffer, Conrad	Nürnberg um 1560—1585. B. IX 558, P. IV 209, NKl. XIV 208, LB. III 414, NM. II 670, A. II 10.		
	S. Eligius als Goldschmied	A 23, 2	VIII 32
	Edelmann auf der Falkenjagd		A 779
Sandrart, Jakob	Regensburg, Nürnberg 1630—1708. NKl. XIV 257, LB. III 416.		
	Bildnis des Balthasar Schuppius ..		XII 74
	Garten des Christ. Peller		B 1363
	Vornehme Dame bei der Toilette		B 1567
	Konzert: Dame und zwei Kavaliere ..		B 1581
Sandrart, Susanna Maria	Nürnberg 1658— 1718. NKl. XIV 262, LB. III 419, NM. III 193.		
	*Porzelius, Kuriofer Spiegel		B 1160—1163
Sartorius, Jakob Christoph	Nürnberg, Prag um 1680—1739. NKl. XIV 32.		
	Amme mit Säugling		V 29
	Ein Hofmann mit Degen..		B 1569
	Junges Mädchen aus der Stadt.. ..		B 1570
	Ein königlicher Page		B 1571
	Junge Dame am Spinett		B 1572

		Kunsthandbücher	Standort
Schaffhausen, Elias	Augsburg um 1700. NKl. XV 124, LB. III 437, NM. II 1769.		
	Theater auf dem Markt zu Augsburg		X 100
Schäufflein, Hans	Nördlingen, Nürnberg um 1490—1540. B. VII 244, P. III 227, NKl. XV 106, LB. III 436, NM. III 1444, Hampe Ratsverläße 1385.		
	*Eine Dorflandschaft	B 3	VI 1
	*Zuschauer beim Tanz	B 96	A 537
	*Ein Liebesgarten	B 97	A 482
	*Hauptmann und Knechte	B 98	I 35
	*Der Landsknecht	B 99	I 33
	*Ein Fahnenträger	B 100	A 870
	*Drei Büchsenschützen		I 59
	*Die Hochzeitstänzer	B 103	A 538, 539
	*Die Bauern und der Esel	B 108, 109	A 222, 223
	*Die Harnischmacher	B 113	VIII 29
	*Der Saufteufel	B 117	I 53
	*Siebenspänniger Reisewagen	B 118	II 20
	*Tod und Jüngling	B 121	A 447
	*Bauern mit Eiern und Brod	B 122	VI 98
	*Ein Sämann	B 124	VI 24
	*Schweineschlachten	B 130	VI 25
	*Ritter und neun Musen	BVIII245,166	VII 75
	*S. Markus	P 151	VII 14
	*Der hl. Florian	P 156	A 247
	*Klage der Wildenholzleut	P 169	A 463
	*Nach der Trauung	P 173	A 473
	*Simson und Delila		A 471
	*Der verlorene Sohn		A 252
	*Albrecht von Eybe		A 300
Schelte f. Bolswert.			
Schellenberg, Johann Rudolph	Schweiz 1740—1806. NKl. XV 175, LB. III 440, NM. IV 376.		
	Die fleißigen Kinder		V 110
	Unterricht in den Naturwissenschaften		B 1718
	Schulunterricht		IX 118
	Knabenfreundschaft		B 1719
	Der faule und der fleißige Student ..		IX 80
	Ballspiel und Armbrustschießen		V 84
	Eine Gerichtssitzung		IV 146
	Der Jahrmarkt nach Chodowiecki.. ..		II 137
	Silhouettenzeichnen		B 1759
Schenk, Peter der Jüngere	Amsterdam um 1730—1750. NM. IV 3301.		
	Platz vor dem Zwinger in Dresden ..		B 1525
Scheyts, Andreas	Norddeutschland um 1660—1680. NKl. XV 172, LB. III 439, NM. I 250.		
	*Bacchus und die Musikanten		A 606

		Kunsthandbücher	Standort
Schiffer, Hans	Augsburg um 1520—1525. NM. III 1449.		
	*Kampf um die Mauern einer Stadt ..		A 847
	*Bilder zu Gesprächbüchlein		A 230, 231
Schleuen, Johann Friedrich und Joh. David	Berlin um 1760—1780. NKl. XV 273.		
	Bauern im Winter		VI 154
	Bei der Ernte		B 1671
	Obst- und Weinernte		VI 155
	Spaziergang des Gutsherrn		B 1670
	Kinderspiele nach Chodowiecki		B 1674, 1675
Schlitzoc, Erhard	Straßburg 1515—1519. NM. II 1753.		
	*Zu Keiserspergs Emeis	N 1	A 242, 243 398, 400
	*Phries, Wildbäder	N 4	III 51
	*Hausherr zeigt sein Besitztum		A 246
	*Verteilung eines Lebkuchens		A 339
Schmidt, Albrecht	Augsburg um 1705—1730. NKl. XV 292.		.
	Der Rebell Matthäus Krause		B 1204
	Das große Weinfaß zu Gröningen ..		VIII 122
	Der große Topf zu Penig		B 1331
Schmidt, Albrecht, Formschneider	Augsburg, zweite Hälfte des 17. Jahrh.		
	*Plakat einer Menagerie		X 113
Schmidt, Albrecht sel. Erben	Augsburg um 1700.		
	*Der Kinderfresser (Knecht Ruprecht) ..		V 100, 101
Schmidt, Georg Friedrich	Berlin 1712—1775. NKl. XV 299, LB. III 452, NM. II 2968.		
	Einzug preußischer Truppen		I 171
	Preußische Offizier-Familie		I 164
Schneider, Georg Jakob	Nürnberg, Dresden um 1660—1690. NKl. XV 386, NM. III 66.		
	Hetzen von Hirschen in Dresden		B 1302
	Fuchsprellen in Dresden		B 1304
	Erscheinen eines Währwolfs		A 404
	Zweikampf zu Pferd		I 138
Schnitzer, Lucas	Nürnberg um 1650—1670. NKl. XV 397, LB. III 463, NM. IV 1385.		
	Armbrustschießen in Nürnberg		B 1316
Schongauer, Ludwig	Kolmar, Ulm, Augsburg um 1480—1497. P. II 115, LB. III 469, NM. IV 1343.		
	Zwei Hunde		A 775
Schongauer, Martin	Kolmar, Breisach 1440—1491. B. VI 103, P. II 103 NKl. XV 424, LB. III 466, NM. IV 2149, W. v. Seidlitz im Repert. f. Kunstw. VII 169.		
	Die Schlacht des hl. Jakob	B 53	I 11; A 853
	Eine der törichten Jungfrauen	B 87	A 91
	Auf dem Weg zum Markt	B 88	X 35

		Kunsthandbücher	Standort
Schongauer, Martin	Der Müller	B 89	VI 26
	Zwei Türken	B 90	A 95
	Die streitenden Lehrlinge	B 91	V 119
	Hirsch und Hirschkuh	B 94	A 773
	Eber, Sau und Ferkel	B 95	A 774
	Die Türkenfamilie	B app. 15	A 92
Schreiber, Johann Georg	Leipzig 1676—1745. NKl. XVI 14.		
	Marktplatz zu Leipzig 1712		B 1377
Schuster, J. F.	Berlin um 1770—1790. NKl. XVI 85, LB. III 480.		
	Eine Marktszene nach Chodowiecki. ..		II 136
	Tätigkeit einer Druckerei		A 295
	Ein Schneider nimmt Maß		VIII 132
	Die Werkstätte eines Schuhmachers ..		VIII 133
	Eine Schmiedewerkstatt		VIII 134
	Ein Tischler und seine Gehilfen		VIII 135
	Der Bau einer Karosse		VIII 136
	Maurers und Zimmermannsarbeiten ..		VIII 137
	Zukünftige Familienfreuden		B 1666
	Der Vater und der Neuankömmling ..		B 1667
	Kinderleben im Hause und im Freien		V 85—88; B 1668, 1669, 1672, 1673
	Muttwillige Kinder		V 89
	Naturwissenschaftlicher Unterricht.. ..		IX 106
Schwann, Balthasar	Frankfurt, Köln um 1615—1630. NKl. XVI 95, LB. III 482, NM. I 2082, Merlo 423.		
	Kaufmännischer Geldverkehr		II 108
	Verkaufsläden		II 109
Schwyzer, Christoph	Zürich um 1550—1570. B IX 412, P. III 451, IV 212, NM. II 658.		
	*Kaiser Karl V.	B 1	A 285
	*Gastmahl des Kurfürsten Friedrich ..	P 3	A 722
	*Baseler Bannerträger		I 48
Setletzky, Sigmund Balthasar	Augsburg 1695—1770. NKl. XVI 303.		
	Vornehme Tafel in einem Garten ..		B 1504
Sibmacher, Hans	Nürnberg um 1590—1611. B. IX 595, P. IV 213, NKl. XVI 340, LB. III 500, NM. III 1484, A. II 281, Hampe II 1907.		
	Hinrichtung des Grafen Hardeck	A 67	B 1197
	New Modellbuch	A 140	B 1154
Sicerist, J. M.	Wien um 1750. NKl. XVI 344.		
	Schlittenfahrt des kaiserlichen Hofs ..		B 1537
Sichem, Carl van	Arnheim um 1600—1615. NKl. XVI 345, LB. III 502, NM. II 804.		
	Faust und Mephistopheles		VII 78

		Kunsthandbücher	Standort
Sichem, Christoph van	Antwerpen um 1580—1640. NKl. XVI 347, LB. III 502, NM. II 803.		
	*Musikaufführung nach Goltzius	B III 127,4	A 562
Sinesman, Abraham	Heidelberg 1590.		
	*Tröstung eines Sterbenden		XII 26
Solis, Nicolaus	Nürnberg, München um 1528—1571. B.IX 231, P. IV 124, NKl. XVII 41, LB. III 550, NM. IV 2540, A. II 83, Hampe Ratsverl. 4070.		
	*Der Brautschmaus auf dem Lande ..		VI 76
Solis, Vergil	Nürnberg 1514—1562. B. IX 242, P. IV 115, NKl. XVII 10, LB. III 511, NM.V 1364, Hampe 3923, Andresen in Naumanns Archiv X 316, C. v. Ubisch, V. Solis, Leipzig 1889.		
	Der Herbst	B 131	A 670
	Ein Oberst	B 249	I 64
	Der Soldatenzug	B 264	A 892
	Leiste mit Kinderfiguren	B 270	V 133
	Die Hirschjagd		A 807
	Die Wildschweinsjagd	B 374	A 809
	Jagd auf Hirsch und Hase	B 376	A 811
	Jagdhunde	B 393	A 780
	Der Hakenschütz	P 576	A 875
	Bildnis des Jakob Baumann	P 623	III 80
	*Johannes auf Patmos	NM III 1722,2	VII 1
	*Landschaft mit Reiter..	NM V S.271	II 51
Sommer, Jan van	Nürnberg um 1700. NM. V 1388, 2.		
	Nürnbergische Bäuerin		B 1072
Sommer, Matteus	Nürnberg um 1650—1670. NKl. XVII 58, LB. III 562, NM. IV 2229.		
	Erinnerungen für den jungen Kaufmann		II Beil. 11
	Krankenbesuch nach Bosse		B 1043
Speckle, Rudolph	Basel um 1540. NKl. XVII 122.		
	*Der Holzschneider Rudolph Speckle ..		A 442
	*Die Maler Füllmaurer und Albert Meyer..		A 441
Spoerer, Hans	Nürnberg. Bamberg, Erfurt um 1470—1504. NKl. XVII 171, Hampe 205, J. W. E. Roth im Archiv für die Geschichte d. deutschen Buchhandels XX 196.		
	*Kalenderblatt für 1478—1496		A 101
Stahl, Johann Ludwig	Nürnberg, Augsburg um 1759—1818. NKl. XVII 207, LB. III 580.		
	Aufstieg eines Luftballons in Nürnberg		B 1753
Steblin, Johann Matthias	Um 1717.		
	Der Reichstag zu Regensburg		B 1436

		Kunsthandbücher	Standort
Steidner, D.	Augsburg um 1700—1740. NKl. XVII. 264, LB. III 590, NM. II 1383.		
	Feiertag in einem Bauernhause		VI 41
Steinbach, Peter	Nürnberg um 1570—1600. NKl. XVII 276, Hampe II 124.		
	*Zweiunddreißig Söhne des Babo von Abensberg		V 130
Stelzer, Johann Jacob	Augsburg 1730—1780. NKl. XVII 316.		
	Der Bürstenbinder		VIII 106
	Die Frau des Bürstenbinders		VIII 105
Stettner, Georg	Nürnberg um 1760.		
	Die Schlacht bei Liegnitz		I 159
Stimmer, Tobias	Straßburg 1539—1582. B. IX 330, P. III 453, NKl. XVII 365, LB. III 592, NM. V 324, A III 7.		
	*Die Altersstufen	A 45	V 126
	*Die Bille Krottesisch Mül	A 99	XII 40
	*Der Reichstag zu Speyer	A 104	B 1418
	*Bildnis des Sebastian Brant	A 141	A 319
	*Bildnis des Geyler von Keisersberg ..		A 320
	*Bildnis des Copernicus		VII 84
	*New Jägerbuch	A 161	A 757,819,834
	*Die Wolfsjagd	A 187	A 833
	*Schwangere Jüdin zu Binzwangen ..		XI 46
Stock, Johann Michael	Nürnberg, Leipzig um 1760—1773. NKl. XVII 378.		
	Bibliothek des Arztes J. Trew		VII 119
Stoeritz, Michael	Prag (?) 1694.		
	*Ermordung eines Judenknaben		XI 67, 68
Stoß, Veit	Nürnberg 1447—1533. B. VI 66, P. II 152, NKl. XVII 423, LB. III 601, NM. II 2493, Hampe 644, Berthold Daun, V. Stoß und seine Schule, Leipzig 1903.		
	Die hl. Familie	P 4	VIII 16
Stradanus, Johannes	Brügge, Florenz 1536—1605. NKl. XVII 444, LB. III 602.		
	Der Uhrmacher. Von J. Collaert ..		VIII 70
	Der Brillenhändler. Von dems.		III 46
	Der Handschuhmacher. Von dems. ..		VIII 71
	Das Guajakaholz. Von Ph. Galle ..		III 113
	Der Alchimist. Von dems.		VII 96
Strauch, Lorenz	Nürnberg 1554—1630. B. IX 599, P. IV 217, NKl. XVII 467, LB. III 605, A. I 47, Hampe II 1549.		
	Der Marktplatz in Nürnberg..	B 1	B 1375
	Zwei Spielleute und zwei Hunde		X 81

		Kunsthandbücher	Standort
Strauch, Wolff	Nürnberg um 1554—1572. NKl. XVII 469. Hampe 3494.		
	*Altes Weib und Jüngling		A 464
	*Eifersüchtiges Landsknechtweib		I 41
	*Sudler und Sublerin		A 896
	*Landsknecht und Tod		I 62
Sturm, C.	Stuttgart um 1616(?).		
	Karussellrennen in Stuttgart		B 1307
Suyderhof, Jonas	Leyden um 1640—1670. NKl. XVIII 20, LB. III 616, NM. IV 420.		
	Der Trinker nach A. v. Ostade	NKl 110	B 1052
Swanenburg, Willem	Leyden, Delft um 1581—1612. NKl. XVIII 32, LB. III 620, NM. III 351, V 1897.		
	Der Anatomiesaal zu Leyden		III 109
	vgl. auch J. C. Woudanus		
Tanjé, Pieter	Holland 1706—1760. NKl. XVIII 96, LB. IV 2.		
	Der Bauerngerichtshof	LB 90	B 1249
Teniers, David	Antwerpen, Brüssel 1610—1694. NKl. XVIII 195, LB. IV 17, NM. II 1932.		
	Blämisches Bauernhaus		VI 35
	Volksleben beim Wirtshaus		VI 136
	Ländliche Festlichkeiten		B 975—985
	Die Fußoperation. Von F. del Pedro		III 106
	Kinder blasen einen Ball auf		B 1046
	Ein Stallknecht mit Besen		B 1010
	Der bettelnde Krüppel		B 1047
	Alte Frau mit Rosenkranz		B 1048
Teunissen, Cornelis	Amsterdam um 1530—1550. B. IX 152, P. III 30, NKl. XVIII 283, LB. IV 22, NM. II 725.		
	*Die Vergänglichkeit des Lebens	B 4	V 140
	*Die Geschichte des Sorgeloos	P 11	X 34; A 542—545
	*Die Unmäßigkeit	NM 12	A 579
Thelot, Johann Andreas	Augsburg 1654—1734. NKl. XVIII 302, LB. IV 25, NM. III 1908.		
	Ein Reiterkampf		I 113
	Die Belagerung einer Festung		I 106
	Eine Lagerszene		I 107
Thelot, Johann Gottfried	Augsburg 1708—1760. NKl. XVIII 203, LB. IV 25, NM. III 2476.		
	Hinrichtung des Juden Süß 1738		XI 71
Thym, Moyses	Altenburg um 1600—1620. NKl. XVIII 454, NM. IV 2187.		
	*Bergwerksarbeiten	NKl 3	B 1341, 1342

4*

		Kunsthandbücher	Standort
Tirol, Hans	Augsburg um 1530. A. Essenwein, Hans Tirols Holzschnitt, Frankfurt a. M. 1887.		
	*Die Belehnung Ferdinands I.		I 63; VI 116; A 742—745, 759
Trautner, August	Nürnberg um 1750—1770. NKl. XIX 56.		
Johann und Johann	Das Unschlitthaus in Nürnberg	NKl 7, 8	VIII 108
	Ein Umzug der Hufschmiede	NKl 7, 9	VIII 125; B 1332
	Umzug des Schreiner-Handwerks.. ..		B 1330
	Ein Tierkampf zu Nürnberg		B 1334
Troschel, Hans	Nürnberg um 1592—1633. NKl. XIX 119, LB. IV 58, NM. III 1573.		
	Magengift. Scherzhaftes Flugblatt ..		B 1158
Troschel, Peter	Nürnberg um 1628—1660 NKl. XIX 122, LB. IV 58, NM. IV 3327.		
	Eine Seiltänzergesellschaft in Nürnberg		X 103
	Eine Hand wäscht die andere..		B 1102
	Gedenkblatt auf die protestantischen Fürsten..		B 1177
Tyroff, Joh. David	Nürnberg um 1766. NKl. XIX 178.		
	Bilder aus dem Trachtenbuch		II 130; XI 78, 79; XII 32
Ullrich, Heinrich	Nürnberg um 1597—1621. B. IX 52, NKl. XIX 279, LB. IV 67, NM. III 1603, Hampe II 1493.		
	Der liebestolle Bauer		VI 61
	Landstreicher von einem Hunde verfolgt		I 97
	Narr mit Pritsche nach Goltzius		A 672
Umbach, Jonas	Augsburg 1624—1700. NKl. XIX 233, LB. IV 68, NM. IV 541.		
	Der Quacksalber Georg Faber		X 98
Unger, Joh. Gottlieb Friedrich d. Jüngere	Berlin 1755—1804. NKl. XIX 243.		
	*Zum ABC-Buch für Kinder..		B 1732—1737
Velde, Adrian van de	Amsterdam 1639—1672. B. I 215, NKl. XX 28, LB. IV 98, NM. I 1474, 1476.		
	Zwei Prachtkanonen		B 917
Vinckebooms, David	Holland 1578—1629. NKl. XX 350, LB. IV 127, NM. II 1416.		
	Bauern und Soldaten		VI 130
Viscard, Hieronymus	Verona um 1622. NKl. XX 366.		
	Museum der Fr. Calceolarus..		VII 122
Vliet, Jan Joris van	Holland um 1610—1640. Bartsch, Rembrandt II 61, NKl. XX 464, LB. IV 144, NM. III 15.		
	Der Zeitungsverkäufer	B 15	B 1066
	Die Schlosserwerkstatt	B 34	VIII 73

		Kunstbandbücher	Standort
Bliet, Jan Joris van	Die Korbmacher	B 37	VIII 80
	In der Kupferschmiedwerkstatt	B 39	VIII 75
	Die Hutmacher	B 43	VIII 79
	Die Glaserwerkstatt	B 44	VIII 74
	Die Gerber	B 45	VIII 78
	Drechsler an der Drehbank	B 46	VIII 77
	Weber am Webstuhl	B 49	VIII 76
	Der Mathematiker mit Globus (Kopie)	B 50 (Kopie)	VII 102
	Zahnbrecher und Bauer	B 53	B 1051
	Der Marktbauer		VI 134
	Bäuerin mit Blumen	B 63	B 1007
	Bäuerin mit Hahn	B 64	B 1008
	Bäuerin mit Wanne	B 66	B 1009
Vogel, Georg	Nürnberg um 1767—1810. NKl. XX 494.		
	Diktaturzimmer in Nürnberg		B 1267
Volz, Johann Michael	Nürnberg um 1784—1830. NKl. XX 527, LB. IV 513, NM. IV 543.		
	Jüdische Charaktertypen		XI 100—103
Walch, Georg	Nürnberg um 1630—1655. NKl. XXI 84, LB. IV 170.		
	Der arme Maler und seine Familie	LB 12	B 1261
Wandereisen, Hans	Nürnberg um 1540—1555. B. VII 470, P. IV 308, NKl. XXI 114, LB. IV 174, NM. III 1697.		
	*Jurist, Jude und Frau	B 3	XI 50
	*Der Neidische und der Geizige		A 643
	*Tischzucht mit Gedicht von Hans Sachs		V 52
Wangner, Jakob	Augsburg 1705—1770. NKl XXI 115, LB. IV 174, NM. IV 659.		
	Wasserjagd auf Hirsche zu Leonberg		B 1476
	Fürstliches Vorzimmer		B 1553
Weber, Hans	Nürnberg 1662.		
	Der Spruchsprecher Wilhelm Weber		B 1235
Wechter, Georg	Nürnberg, Bamberg um 1570—1630. NKl. XXI 193, LB. IV 196, NM. III 1704, A V 1.		
	Ansicht von Windsheim	A 2	VII 74
Wechtlin, Hans	Straßburg um 1510—1520. B. VII 449, P. III 327, NKl. XXI 24, LB. IV 196, NM. IV 219.		
	*Der Ritter zu Pferd und sein Knecht	B 10	A 766
	*Christus im Tempel	P 20	VII 36
	*Christi Verspottung	P 31	A 371
	*Gersdorfs Wundartznei	P 54	I 56; III 27, 59, 61, 93
	*Winzer ermorden den Sohn des Herrn	NM 6	VI 99
	*Gelehrter und Scholar		VII 48

		Kunsthandbücher	Standort
Wechtlin, Hans	*Allegorie auf die Ausschweifungen ..		IX 18
	*Fahrende Weiber..		X 54
Weibiß, Hans	Augsburg. Straßburg um 1516—1536. NM. III 723, 1707, H. Röttinger, Hans Weibiß der Petrarkameister, Straßburg 1904.		
	*Petrarka, Trostspiegel..	R 24	I 38, 39; II 21, 50, 52, 65, 68; III 45; IV 15, 22, 24, 43, 71; V 48, 49; VI 28—31, 112; VIII 37, 38; IX 56; X 25, 26, 62; A 253, 254, 259—282, 425, 599, 613, 698, 881, 883, 907
	*Mariä Geburt. Titel des Albertus Magnus	R 27	V 2
	*Calixtus und Melibia..	R 35	A 480, 738
	*Avila, Regiment der Gesundheit	R 37	III 49
	*Kräutergarten und Destillierherd		III 31
	*Cicero verteutscht..	R 43	II 14, 49, 64; III 22, 48; VI 42; X 56, 57; XII 33; A 257, 307, 409, 785
	*Vergilius Polydorus		VI 37
	*Vincent Steinmeyer, Neue Figuren ..		II 67; IV 14; V 14, 15, 38, 50, 51, 108; VII 52, 53; XII 25
	*Dryander Arzeneispiegel		A 312
	*Otto Brunnfels Kräuterbuch	R 77	III 75
	*Brunnfels, Catalogus medicorum ..	R 80	III 10
	*Hero, Schachtafeln der Gesundheit ..	R 85	III 56, 83; VI 10; A 614
Weigel, Christoph	Augsburg 1654—1725. NKl. XXI 223, LB. IV 198, NM. II 832.		
	Liebespaar beim Schlittschuhlaufen (Januar)		B 1586
	Bauernmagd mit Milchkannen (Juni)		B 1086
	Trachten der Stände		VIII 81—87; IX 95, 96; XII 84
	Einzug Kaiser Josephs in Nürnberg ..		B 1424

		Kunsthandbücher	Standort
Weigel, Hans	Nürnberg um 1548—1578. NKl. XXI 226, LB. IV 206, NM. III 1702, A. IV 93, Hampe 3078.		
	*Bäuerliches Paar am Tisch		A 125
	*Frau und Teufel im Kampf		A 397
Weigel, Johann Christoph	Nürnberg um 1670—1746. NKl. XXI 227, LB. IV 199.		
	Kavalier in der Reitschule		B 1559
	Aufsteigen aufs Pferd		B 1560
	Gartenanlage mit Laube und Tempel..		B 1502
	Gartenhecken mit Staffage		B 1503
Weigel, Katharina	Witwe des Hans W. Nürnberg 1578.		
	*Der Zuchtwagen mit Gedicht von Hans Sachs		V Beil. 1
Weigel, Martin	Nürnberg 1568—1584. NM. IV 2256, A. IV 93, Hampe 4175.		
	*Ansicht von Bremen	A 15	II 33, 34
	*Die Frauen vor der Egge	NM 16	A 678
	*Frauen am Vogelherd	NM 17	A 681
	*Der Heerpauker	NM 23	A 565
	s. auch Martin Woerle.		
Wenzel von Olmütz	s. Olmütz.		
Werdt, Abraham von	Nürnberg um 1650—1680. NKl. XXI 206, LB. IV 197, NM. I 1478, V 1529.		
	*Tätigkeit in einer Druckerei	NKl 4	A 293
Weydmans, N.	Holland Anfang des 17. Jahrh. NKl. XXI 365, LB. IV 206.		
	Der Quacksalber	NKl 2	III 120
Weygel s. Weigel.			
Wichmann, C.	Hamburg um 1675.		
	Hamburger Kauffarteischiffe		II 46, 47
Wilborn, Nicolas	Westfalen um 1530—1540. B. VIII 543, P. IV 139, NKl. XXI 433, LB. IV 225, NM. IV 2574.		
	Johann von Leyden	P 26	A 323
Will, Johann Martin	Bayern um 1760—1780. NKl. XXI 497.		
	Ankunft fürstlicher Gäste in Donauwörth		B 1471
	Der Hubertusburger Friede		I 169
	Begräbnis des General Keith		I 165
	Faschingsaufzug in München..		B 1544
	Der Exjesuit		XII 100
	Leben des bayrischen Hiesel		B 1216, 1218
	Kampf mit dem Hiesel		I 174
	Transport des gefangenen Hiesel.. ..		IV 140
	Der bayrische Hiesel im Gefängnis ..		B 1215

		Kunsthandbücher	Standort
Wille, Johann Georg	Paris 1715—1808. NKl. XXI 465, LB. IV 227, NM. III 2485.		
	Der Mathematiker Christian Wolff ..	LB 72	VII 117
Winter, Joseph Georg	München 1730—1789. NKl. XXI 542, LB. IV 239, NM. III 68.		
	Fütterung des Wildes		B 1481
Winterstein, Hans Martin	Hamburg um 1660. NKl. XXI. 553.		
	Kaufmännischer Kontorkalender		II 115
Wit, Friedrich de	Amsterdam um 1648—1698. NKl. XXI 559.		
	Hansahaus in Antwerpen		II 69
Woensam von Worms, Anton	Köln um 1505—1565. B. VII 487, P. IV 149, NKl. XXII 90, LB. IV 251, NM. I 1485, Merlo in Naumanns Archiv X 129, Nachtrag 1884.		
	*Würfelnde Landsknechte		I 42
	*Landfrid-Titelblatt	M 460	IV 49
Woerle, Martin	Augsburg um 1540. B. IX 341, P. IV 340, NM. IV 2257.		
	*Turnierender Bauer (Karikatur)		A 124
	*Bauer aus Ackergerätschaften gebildet		VI 11
	*Das Landsknechtliebchen		X 53
	f. auch Martin Weigel		
Wolff, Jeremias	Augsburg um 1700—1724. NKl. XXII 50, NM. IV 666.		
	Allerhand Laster		B 1164—1167
Wolff, Jeremias Erben	Augsburg um 1730—1750.		
	Die Unbrauchbarkeit der Philosophie ..		VII 114
	Der Soldat im Quartier..		I 172
	Der Student auf dem Locus		IX 81
Wolff, J.P. fel. Erben	Nürnberg um 1650.		
	Bettler- und Zigeunermarsch		X 68, 69
Wolffgang, Johann Georg	Augsburg, Berlin 1664—1744. NKl. XXII 64, LB. IV 247, NM. III 2489.		
	Luftschiff des Königs Friedrich I. von Preußen		B 1434
Wolfgang, Christian	Berlin um 1720—1750. NKl. XXII 66.		
	Revue der Gensdarmes	NKl 1	I 135
Wolgemut f. Abt. V Schatzbehalter und Schedels Chronik.			
Worms f. Woensam.			
Woudanus, Jan Cornelis	Leyden um 1600—1610. NKl. XXII 99, NM. II 211.		
	Der botanische Garten in Leyden		III 112
	Die dortige Universitätsbibliothek		VII 108
	Der Leydener Anatomiesaal		III 109
	Studentische Fechtübungen		IX 74

		Kunsthandbücher	Standort
Zasinger s. Monogrammist MZ.			
Zimmermann, Georg	Nürnberg 17.—18. Jahrh. NKl. XXII 290.		
Wilhelm	Die Nürnberger Heiligtümer		A 336
Zimmermann,	Augsburg um 1640—1650. NKl. XXII 294.		
Martin	Augsburgische Executions-Abhandlung		XII 70
Zimmermann,	Augsburg um 1586—1630. NKl. XXII 296,		
Wilhelm Peter	LB. IV 264.		
	Einzug des Herzogs Wilhelm in München	NKl. 3	B 1275
Zündt, Matthias	Nürnberg um 1553—1581. B. IX 530, P. IV 194,		
	NKl. XXII 347, LB. IV 268, NM. IV 1643, A. I 1,		
	Hampe, Ratsverl. 3496.		
	Gefangennahme Paumgartners	A 37	II 48
Zwolle, J. A. von	Niederlande oder Niederdeutschland Ausgang des		
	15. Jahrh. B. VI 90, P. II 178, NKl. XXII 363,		
	LB. IV 270, NM. III 1774.		
	Jüngling und Pilger	B 16	A 40

II. Blätter unbekannter Meister

a) Kupferstiche	Standort		Standort
Aberglaube, Hexen		Ein Bauer geht zum Advokaten um	
Verwandlung eines Menschen in		1660	IV 89
einen Hund 1673	A 413	Ein Dorfbild aus dem 18. Jahrh.	VI 144
Der in ein Schwein verwandelte		Bauer reitet zum Markt um 1800	VI 161
Edelmann 1701	VI 146		
Eine Geisterbeschwörung 1666 ..	A 405	**Festlichkeiten**	
Erscheinen eines Währwolfs 1685	A 403	Nürnberger Gesellenstechen (1446)	A 710
Die Mäuseschlacht bei Brochdorp		Prunktafel mit Schaugerichten um	
1675	VI 88	1590	B 1122
Figur an einem Baum 1625 ..	B 914	Feuerwerk bei einer Taufe am	
Hexenwesen in Trier um 1620 ..	A 406	Berliner Hofe 1592	B 1288
*Hexen- und Zauberszenen 1627 .	A 396, 399	Feuerwerk zur herzoglichen Hoch-	
Die weiße Frau im Berliner Schloß		zeit in Stuttgart 1609	B 1287
1619	B 1180	Ritterschlag durch Kaiser Matthias	
		1612	B 1426
Bauern		Krönungsmahl für Ferdinand II.	
Gedenkblatt auf den Bauernkrieg		in Frankfurt 1619	B 1405
1626	VI 125, 126	Feuerwerk zu Ehren Johann Phi-	
Linz von Bauern belagert 1626 ..	VI 124	lipps von Sachsen 1628	B 1290
Bauern-Vaterunser um 1635 ..	I 99	Einzug Gustav Adolfs in Mecklen-	
Tanzende Bauern um 1650 . ..	B 1069—71	burg 1631	B 1277
Bauernhochzeit mit Zigeunern um		Krönungsadler Ferdinands III. 1637	B 1401
1660	X 71	Feuerwerk in Dresden um 1650	B 1293
		Feuerwerk in Leipzig 1650	B 1291

	Standort
Ballett zur herzoglichen Hochzeit in Braunschweig 1653	B 1294—96
Krönungsmahl für Leopold I. in Frankfurt 1658	B 1406
Einholung des Kaisers Leopold I. in Nürnberg 1658	B 1459
Sitzung eines städtischen Rats	B 1422
Gartenfest zur Hochzeit des Kaisers Leopold 1666	B 1300
Feuerwerk für Kaiser Leopold 1666	B 1289
Aufzug zum pfalzgräflichen Turnier	B 1297
Ballett vor der Hofburg in Wien 1667	B 1441
Verleihung des Ordens des Goldenen Vliefes	B 1299
Feuerwerk in Hamburg 1698	B 1292
Turnier in der Residenz zu München um 1700	B 1470
Festdekoration für einen neugeborenen Prinzen um 1700	B 1450
Proklamierung Erzherzogs Karl zum spanischen König 1701	B 1451
Kaiserliche Tafel bei der Huldigung 1705	B 1440
Tafel der Städte-Abgeordneten 1705	B 1439
Siegesillumination in Wien 1718	B 1465
Damenkarussell in Dresden 1727	B 1548
Einzug des Markgrafen in Ansbach	B 1278
Auszug zum Nürnberger Stückschießen 1733	I 144, 146
Hochzeitstafel von Maria Theresia 1736	B 1443
Illumination zu Frankfurt a. M. 1742	B 1540
Damenkarussell in Wien 1743	B 1550
Ball bei der Vermählung der Erzherzogin Marianne 1744	B 1444
Tanz in der Hofburg in Wien 1744	B 1456
Nachricht von der Wahl des Kaisers Franz I. 1745	B 1429
Das Urbanreiten in Nürnberg	V 96
Krönung Josephs II. in Frankfurt 1764	B 1402
Einholung einer Prinzessin 1781	B 1455

	Standort
Tauf-Gedenkblatt für König Ludwig I. von Bayern 1786	B 1457
Trauung des Erzherzogs Johann von Österreich 1788	B 1445
Frauen	
Die Kaufwut der Frauen	II 104
Der Weiberhaupt-Arzt	B 1098
Narrheiten der Liebe	B 1103
Irrgarten der Liebe	B 1097
Pantoffelhelden	B 1145
Der Hahnrei	B 1106
Handel und Münzwesen	
Geiz- und Wucherspiegel	XI 30
Der große und der kleine Kaufmann	II Beil. 10
Kipperer und Wipperer	II 106; XI 54, 55
Wucherischer Münzmeister 1622	II 92
Die Heckenmünze	B 915
Kaufmännisches Kontor um 1680	II 116
Kaufmannswagen nahe Augsburg	II 41
Verpacken von Heringen	B 1343
Des guten Geldes Grabschrift	II 93
Kurszettel eines Berliner Bankhauses 1756	II 135
Geschäftsempfehlung eines Fürther Kaufmanns um 1760	II 119
Jude und Kaufmann 1765	XI 75
Christen- und Judenwucher um 1780	XI 96
Die Leipziger Messe um 1800	II 124
Allegorie auf den Handel um 1808	II 35, 36
Handwerk und Hausierhandel	
In der Backstube	B 1084
Metzger- und Bäckerstreit	B 1322
Barbier Traz mit seinen Söhnen	A 763
Umzug der Schreiner in Frankfurt 1659	VIII 128
Das Schlachthaus in Nürnberg	VIII 107
Barbier und Perückenmacher	VIII 129, 130
Eine Barbierstube	VIII 69
Schlossergesellen an der Arbeit	VIII 68

	Standort		Standort
Lehrbrief für einen Koch 1777 ..	B 1329	Brand in der Frankfurter Judens	
Arbeitsbescheinigung für Drechs:		gaſſe 1796	XI 93
lergeſellen 1801	VIII Beil. 9		
Nürnberger Jahrmarkt	V 103	Kriegs= und Soldatenweſen	
Ein Nürnberger Marktweib . ..	V 57	Sitzender Söldner nach Urs Graf	
Händler mit Kirſchen	II 138	um 1525	A 873
		Gefecht bei Ulmeau	B 942
Heilkunſt und Quackſalber		Überfall bei Jülich 1609	B 940
Chirurgiſche Operationen	III 101, 102	Schlacht bei Münſter 1623 . ..	B 943
Abbildung eines Blaſenſteins 1646	III 121	Belagerung von Stralſund 1628	I 103
Operation einer Warze	III 119	Guſtav Adolf landet auf Rügen	
Innenanſicht einer Apotheke . ..	III 82	1630..	B 935
Apothekenviſitation	III 135	Erſtürmung von Aſchau	B 941
Das Krankenhaus in Amſterdam	III 125	Belagerung von Würzburg 1631	B 936
Eliſabeths und Joſephshoſpital in		Einnahme von Kreuznach 1631 .	B 944
München..	III 124	Belagerung der Pleißenburg in	
Peſthoſpital und Peſtkirchhof bei		Leipzig 1632	I 105
Wien 1679	III 127;	Klags und Betlied der Armen ..	VI 133
	V 134	Schießen nach einer beweglichen	
Der gelehrte und der unwiſſende		Figur	B 1315
Arzt	III Beil. 3	Belagerung von Wertheim 1673	B 946
Doktor Wurmbrandt 1648	III 123;	Brand von Heidelberg 1689 ..	I 109
	B 1159	Brand von Speyer 1689	I 110
Wurmdoktor aus Calabrien . ..	B 1058	Brand von Worms 1689	I 111
Schlangenfleiſch=Paſtillen 1676 ..	III 117	Belagerung von Rheinfels 1692	B 945
		Ein Feldlager	I 167
Juden		Verhöhnung eines Pfarrers durch	
Der Juden Badſtub	XI 25, 26	die Franzoſen 1757	XII 106
Das Judens=Schwein	XI 28;	Überfall bei Hochkirch 1758 . ..	I 158
	B 1183	Abzug der Preußen aus Leipzig 1759	I 162
Der Juden Meßkram	XI 49	Parade der ſächſiſchen Leibgrena=	
Der Korn= und Weinjude	XI 51	diere 1766	I 173
Fettmilchaufſtand in Frankfurt		Nürnberger Bürger=Kavallerie	
a. M. 1616	B 1194	1782..	I 175
Hinrichtung von Juden in Wohlau		Kriegsdrangſale in Franken 1796	I 176, 177
1661..	B 1198		
Auszug der Juden aus Wien 1670	XI 65	**Kulturgeſchichte**	
Judenmord in Mies 1675	B 1220	Ein Renaiſſance=Pokal	VIII 33
Eine Judenhochzeit um 1700 ..	XI 62	Einrichtung einer Patrizierwohnung	B 1264
Hinrichtung Süß Oppenheimers		Almanach auf das Jahr 1629 ..	B 921
1738	IV 105;	Die neue Zeitung	B 1068
	B1207,1208	Unterzeichnung des Friedensexecu=	
Jude Iſaak Nathan Iſcherlen um		tionshauptabſchiedes 1650 ..	B 1280
1740..	XI 72	Die Reichskleinodien	B 1408
Juden in der Hölle..	XI 63	Die Derterſche Armenſtifts=Pro=	
Auszug der Juden aus Prag 1745	XI 66	zeſſion	XII 79

	Standort
Der Tabakraucher	B 1144
Wirkung des Tabaks	B 1142
Der Uhrmacher-Erfinder Farffler	
um 1689	VIII 36
Deichbruch an der Nordſee 1717	VI 127
Städtiſche Lotterie in Augsburg	
1727	B 1431
Aufſtieg eines Luftballons 1784 .	B 1755
Die Eiſenbahn Leipzig-Dresden	
1839	II 139

Porträts ſ. Abteilung IV

Rechtspflege

Eine Teſtamentseröffnung 1607 .	IV 72
Hinrichtung des Juden Leupolt	
1573	XI 73
Hinrichtung Fettmilchs in Frank-	
furt 1616	XI 38, 39
Hinrichtung in Prag 1621	IV 102;
	B 1195,1196
Todesſtrafe für Marodeure um	
1630	I 85
Hinrichtung eines abtrünnigen	
Juden 1642	XI 84
Hinrichtung des Nathan Levi um	
1650	XI 61
Hinrichtung in Preußen 1713 ..	B 1202
Eine Hinrichtung mit dem Schwert	IV 104
Eine Hinrichtung bei Jena	IV 106
Hinrichtung einer Kindesmörderin	IV 136
Eine Hinrichtung in Augsburg ..	B 1541
Eine Hinrichtung zu Berlin 1718	IV 103
Hinrichtung in Dresden 1804 ..	IV 132
Die letzte Verbrennung in Berlin	
1786	IV 144, 145
Einmauern eines Verbrechers 1725	IV 113
Stäupen einer Mörderin 1714 ..	B 1219
Halseiſen und Schanzenbauen um	
1680	IV 121
Verurteilung leichtſinniger Frauen	IV 119
Im Arbeitshaus in Wien	IV 120
Der Wildſchütz Melchior Hedloff	
1654	B 1217
Baron von Kronberg im Gefängnis	
1738	B 1213

	Standort
Der Betrüger Chriſtoph Fellner	
1740	B 1214
Lorenz Scheerſchmidt im Gefängnis	B 1210
Freiherr von der Trenck als Ge-	
fangener	B 1211
Ein böhmiſcher Rebell	B 1212
Bildnis des Schinderhannes 1802	X 93
Ein Straßburger Gerichtsbote ..	IV 130
Der Gerichtsdiener Caſpar Hilperd	IV 131
Nürnberger Freiungs-Ausruf ..	A 764

Religion

Aufhebung Luthers bei Altenſtein	A 760
Luther und ſeine Familie	V 46
Wiedertäufer-Greuel 1535	B 1200,1201
Religionsſtreitigkeiten in Augs-	
burg 1584	XII 45
Verhaftung calviniſtiſcher Führer	
in Sachſen 1591	XII 48
Aufruhr gegen die Mönche in Prag	
1610	B 926
Vertreibung der evangel. Prediger	
aus Prag 1622	XII 57
Schwediſche Rettung der evangel.	
Kirche 1631	XII 58
Luther und Guſtav Adolf 1632	B 934
Die Beſchützer der evangel. Lehre	
1632	XII 59
Einzug der Mönche in Augsburg	
1632	XII 61
Vertreibung der Kapuziner aus	
Frankfurt 1633	B 924
Sabatai-Sevi und Jakob Naylor	
um 1680	XI 60
Aufhebung der Klöſter in Öſterreich	
um 1775	XII 101
Papſt Pius VI. ſpendet ſeinen Segen	
1782	B 1461
Gottesdienſt der reformierten Ge-	
meinde in Nürnberg	XII 72
Evangeliſcher Gottesdienſt	XII 71
Nürnberger Tauf-Ceremonien ..	V 21; XII 28
Proteſtantiſche Kindtaufe	XII 89
Evangeliſche Trauung	XII 90
Ein Patenbrief	XII 88
Das Gebet des Frommen	XII 94

	Standort		Standort
Die Nikolaikirche in Leipzig 1592	VIII 115	Siebenköpfiger Calvinisten-Geist..	XII 42
Die alte Frauenkirche in Dresden	XII 80	Agricola und Luther im Streit ..	XII 49
		Das unevangelische Papsttum ..	XII 87
Schul- und Gelehrtenwesen		Der Baum Luthers	B 1182
St.Annas-Gymnasium in Augsburg	IX 83, 93	Flugblatt gegen Luther	XII Beil. 2
Das Waisenhaus in Halle	IX 104	Zustände im Römischen Reich ..	B 925
Das Kollegiumgebäude in Helm=		Des Römischen Reichs Weltuhr.	B 927
städt	VII 89	Spottbild auf den Winterkönig um	
Die Hofbibliothek in Wien	B 1253	1622..	B 930
Eine fürstliche Bibliothek	B 1256	Der englische Pickelhäring 1622	B 1223
Die Bibliothek in Wolfenbüttel ..	VII 109, 111	Der Soldatensegen um 1630 ..	I 125
Richters Naturaliensammlung ..	B 1254	Die schwedische Apotheke 1631 ..	I 71
Die Kunstkammer in Stuttgart ..	B 1255	Gustav Adolf und Tilly um 1632	XII 62
Eidesablegung des Wiener Rektors	VII 88	Spottbild auf Tillys Soldaten 1632	I 100
Einweihung der Universität Er=		Tilly und die Jesuiten 1632 ..	B 933
langen 1744	B 1453	Entweichen der Maus 1632. ..	B 932
Bilder aus dem Studentenleben .	IX 76, XII 93,	Spottbild auf Ernst von Montes	
	B 1627—30	cuculi 1633	B 931
Der fleißige Student	IX 79	Satire auf die Marodeure	I 98
Aufnahme neu eintretender Stu=		Der Eisenbeißer	I 73
denten	IX 78	Der warme Bruder	B 918
Aktzeichnen in der Berliner Aka=		Bilderrätsel zur Wahl Ferdi=	
demie	B 1262	nands III. 1637	B 1428
Die Kunst des Porträtierens ..	B 1260	Trau, Schau, Wem	XI 45
		Die sieben frommen Schwaben ..	B 952
Spiel, Sport, Jagd		Der König von Schlaraffenland	B 1115
Spielkarte (Denaris-Sieben) 15.		Bruder Esel mit dem Geld	B 1137
Jahrh. .. .. B X 78, 33	A 32	Der verlorene Sohn 1601	A 673, 674
Spielkarten mit humoristischen		Spottbild auf das Schneiderhand=	
Darstellungen um 1600	A 624—632	werk	VIII Beil. 10
Vornehme Gesellschaft beim Kar=		Spottbild auf die Dienstmädchen	B 1156, 1157
tenspiel um 1740	B 1582, 1585	Der Nürnberger Kunstrichter ..	B 919
Holländische Kinderspiele im Freien		Scherzbilderbogen für Kinder ..	V Beil. 4
1618	B 1036	Die neumodische Gerechtigkeit ..	IV 142
Ein fechtlustiger Student	IX 73	Die schlechtbestellte Gerechtigkeit .	IV 141
Das tadellose Pferd um 1630 ..	I 126		
Distanzritt des Grafen Styrum		Städtewesen s. Abteilung III	
1678	I 112		
Abrichtung eines Falken	A 805	Theater, Schaubuden, Zigeuner	
Falkenbeize und Hirschjagd ...	A 820	Weissagende Zigeunerin	X 72
		Zigeunerlager	X 70
Spott- und Scherzbilder		Kinder verspotten den Katzen=	
Satire auf die Römische Kirche .	B 916	thiebold	V 56
Calvin, Luther und der Papst ..	XII 51	Die dicke Seilerin in Straßburg	VIII 102
Luther und Katharina von Bora	XII 47	Kunstreiter E. Müller Kamin 1647	X 115
Geistlicher Raufhandel	XII 43	Athlet J. C. von Eckenberg 1718	X 107

	Standort		Standort
Der Riese Johann Sander 1683	X 105	Ein Topfkrämer	VIII 117
Wasserkünstler Manfredi um 1660	X 109	Hausierer und Scherenschleifer ..	VIII 116
Taschenspieler Joseph Frölig. ..	B 1241	Ein Nürnberger Oberkellner ..	B 1134
Ankündigung eines Taschenspielers		Kieler Student als Kavalier ..	IX 110
1757	X 114	Das Verschwinden der Reifröcke	B 1750
Todessturz des Seiltänzers Ber=		Eine Kölnische Magd	A 583
nardin 1673	X 97	Drei Frankfurter Dienstmädchen .	XI 97
Reitende Trompeter im Festgewand	A 762		
Bettelmusikant und Frau	X 78	Trinken und Schlemmen	
Die Musikvirtuosen Rosenkron		Bacchuszug	B 1117
1679	B 1240	Weinkeller im Nobiskrug	B 1141
Eine Theaterszene 1668	B 1298	Trinkgelage mit Weibern	B 1121
Ein Schauspieler auf der Bühne	B 1225	Eselreiten für zänkische Zecher ..	B 1120
Naturtheater in einem Park . ..	B 1507	Spielen und Schlemmen	B1138, 1139
Marionettentheater	X 102	Der Schlemmer	B 1124
Pritschenmeister W. Dorsch	B 1226	Der Trinker.	B 1135
Ein Hanswurst	B 1227	Der unmäßige Student..	B 1133
Ein armloses Bauernmädchen ..	X 117	Wirtshaustreiben bei Leipzig 1746	B 1565
Zwei Riesenkinder 1763	V 30		
Schwindlerin mit ausgestopftem		b) Metallschnitte	
Bauch	X 65		
Seehund bei Dresden gefangen .	A 840	W. L. Schreiber, Manuel de la gra-	
		vure sur bois et sur métal, Berlin	
Tod		1891—1902.	
Edelmann und Tod (Vexierbild).	XII 73	Der verliebte Jüngling .. S 2877	A 1
Büchernarr und Tod	VII 120	S. Hubertus vor dem Hirsch S 2662	A 767
Leichenzug und Karneval	XII 92	Die Stadt Padua .. .. S 2760	A 852
Kaiser Rudolph auf dem Sterbe=		Turrecremata, meditationes.	
bett 1612	B 1449	Mainz 1479	A 338
Ermordung Wallensteins 1634 .	B 929		
Prunksarg der Prinzessin Maria		c) Holzschnitte	
Dorothea Sophie 1698	B 1462	Blätter des 15. Jahrhunderts	
Begräbnis eines Kindes.	V 141	Das Jesuskind mit Neu=	
Begräbnis des Advokaten Reck=		jahrswünschen .. .. S 822	A 108
nagel (Satire)	IV 91	Der hl. Antonius .. .. S 1221	A 106
		Die hl. Dorothea .. .. S 1394	A 105
Trachten		Der hl. Sebastian mit Gebet S 1678	III 5
Ein Kaufmann	II 75	Die zehn Gebote . .. .. S 1846	XII 14
Frauenmoden um 1630.	B 1146,	Turris sapientiae .. .. S 1853	IX 21
	1147, 1151	Jüngling mit Kröte, Eidechse,	
Männermoden um 1630.	B 1149,	Schlange . .. . S 1868	A 98
	1150, 1152	Die sieben freien Künste . S 1874	VII 27—29
Barttrachten	B 1148	Allegorie der Rhetorik	VII 30
Der teutsche Michel	IX Beil. 4	Allegorie der Unwissenheit S 1875	IX 38
Ein teutscher Monsieur	XII 65	Der Tod auf dem Kirchhof S 1887	III 149
Der hochmütige Spanier	I 102		

	Standort
Kalender des Johann von Gemünd .. .. S 1903	A 126
Kalender des Johann Zeiner in Ulm .. .. .. Hain 9727	III Beil. 1
Hela. Das Skelett .. .. S 1923	III 26
Eine Aderlaßtafel .. .. S 1925	III 39
Reliquien von Maestricht und Aachen .. .. .. S 1937	A 97
Das Lebensrad.. .. .. S 1959	A 102
Der Abt auf dem Eise .. S 1960	A 100
Spottbild gegen die Juden S 1961	XI 11
Warnung vor Judenwucher S 1962	XI 5
Schalkheit der Juden .. S 1964	XI 29
Hostiendiebstahl in Passau m. typogr. Text .. .. S 1965	XI Beil. 2
Das Kind Simon von Trient .. .. S 1968	A 107
Kindbettkellnerinnen. .. S 1971	A 255
Verkehrte Liebe.. .. .. S 1977	A 219
Alte Frau und junger Liebhaber .	A 2
Affen auf einem Pferde als Kunstreiter	V 66
Die acht Schalkheiten .. S 1986	II 30; VIII 14
Warnung betreffs des Gesindes. .. .. S 1990	A 123
Deckel einer Konfektschachtel . ..	III 50; A 663
St. Dionysius m. typogr. Text (Leipzig, C. Kachelofen um 1500)	III 6
Von den falschen Gulden (Augsburg um 1481)	II 91
Von den zwölf Früchten des Lebens (Augsburg, G. Zainer)	A 329
Zänkisches Weib und Teufel (Augsburg, G. Zainer)..	A 462
Wunderzeichen Mariae mit typogr. Text um 1500	V 39
S. Dorothea mit Engel um 1500	V 132
Blätter des 16. Jahrhunderts	
Einladung zum Kölner Preisschießen 1501	A 712
Baculus Jacob 1502	A 420
Seb. Brant, von Planeten. Pforzheim 1504	VII Beil. 3
	Standort
Die behemsch schlacht. Augsburg 1504	I 32
Christuskopf. Pforzheim 1507 ..	A 342
Zwei zusammengewachsene Mädchen 1507	III 141
Brief des Papstes Julius an Maximilian 1509	A 364
Von den üppigen Bauern um 1510	VI 104
Maximilian I. als Herkules . ..	A 568
Narr gibt guten Rat	A 843
Lied von dem Tod. Nürnberg 1516	A 332
Der Streit um den Esel.	A 680
Frauenschändung zu Wolfsburg 1517..	A 408
Mönche als Löffelkrämer	XII 4
Spottbild auf katholische Theologen	XII 10
Disputation zwischen christlichen und jüdischen Gelehrten	XI 42
Das Erbschaftsrecht. Oppenheim um 1520	A 379
Die Lügenglocken	XII 13
Neujahrlied. Augsburg, Elchinger um 1520..	A 546
Wer essen will, geh zu Tisch . ..	A 547
Minderwertige Münzen	A 256
Ein Böttcher an der Arbeit	VIII 21
Eine Kinderstube	V 37
Lied auf den Krieg 1521	A 842
Wolkenbruch in Neapel 1523 ..	A 414
Mönche und Bauerntochter.. ..	A 218
Die Geistlichkeit in der Hölle 1524	A 343
Der Papst wird in den Höllenrachen geführt	XII 6
Feldarzt und Landsknecht	I 58
Verspottung der Ärzte	III 16
Ein Quacksalber zu Pferd	X 66
Das Reiten auf dem Esel	A 666
Ein Vogelkrieg bei Straßburg 1526	A 838
Feldarzt mit Brustsonde	A 887, 888
Eine Amputation	XII 27
Ritterliches Paar zu Pferd	A 752
Ein Ablaßkrämer	A 341
Frau Margriet	A 453
Triumph der Wahrheit	XII 18
Gesang der Schlemmer..	IX 17
Der Weinschlauch	A 640

	Standort		Standort
Taschenplünderung beim Nachtisch	A 490, 580	**Blätter des 17. und 18. Jahrh.**	
Ein Koch am Herd	A 572, 573	Allerlei Stände (Trachten)	VIII 95, 96;
Hans Lützel hüpsch	A 639		XII 30
Wunderbarliche Geschicht. Augs		Handwerker an der Arbeit	VIII 39—45
burg 1531	III 142	Allegorie auf die Verschwendung	X 63
Mißgeburt einer Sau 1536 . ..	VI 86	Ein fürstlicher Reisewagen	A 758
Kardinal und Narr. Spottbild .	XII 39	Ein Dromedar in der Schaubude	X 111
Pilger und Esel. Spottbild . ..	A 344	WürzburgerGerichtskalender 1613	IV 95
Spottbild auf Johannes Cochläus	A 346	TraumFriedrichsvonSachsen1617	A 360
Sich küssendes Liebespaar	A 479	Flugblatt gegen die Geldwucherer	B 913
Geigenspieler und Mädchen . ..	A 483	Wehrordnung beim Bauernauf	
Eine Gerichtssitzung	IV 1, 45	stand 1626	B 923
Der Streit um den Chorrock ..	XII 31	Himmelserscheinung über Erfurt	
Die Männerfalle	A 676	1627..	A 418
Der Gimpelfang	A 677	Ausstellung eines Elefanten 1629	X 112
Allegorie auf das Schlemmen ..	XII 66	Der Kupferschmied und die Jung	
Fürstliche Tafel..	A 728	frau	VIII 63
Ein Landsknecht und sein Bube .	I 51	Esel für faule Kinder	IX 40
Hagel in Dordrecht 1552	A 412	Augsburger Fasching	A 665
Ein Kalb mit zwei Füßen 1556 .	A 419	Die ungehorsame Tochter in Pirna	
Überfall durch Wölfe 1556	A 845	1652	V Beil. 2
Die Heidelberger Universität. ..	IX 65	Deutsche Infanterie um 1670 ..	I 114, 115
Hirsch und Hirschkühe	A 821	Fischerstechen in Nürnberg 1671.	B 1338
Ein kaiserlicher Notar	IV 70	Des Juden Amschel Grabschrift	
Eine Wochenstube	V 8	1671	XI 85
Ein Kindbettschmaus	V 24	Die neun Häute der bösen Weiber	
Ein Paar im Gespräch	A 484	1680..	B 1105
Wer weiß, ob's wahr ist.	A 488	Hans Hinderfür und Butzenbrecht	V 102
Feldlager vor einer Stadt	A 908	Seiltänzer-Anzeige in Nürnberg..	B 1222
Folterszenen	A 382, 383	Flugblatt „Alles versoffen"	X 76
Der Papst als Antichrist und Karl V.		Trinker-Diplom	B 1107
1576	A 362	Mordmesser des F. Laubler 1726	B 1221
Christus und der Papst	XII 7	Der Verbrecher Schwarzbeck 1730	IV 92
Paradies und Hölle	XII 1	Ein Neujahrswunsch 1732	IX 89
Die ungleiche Wage der Justitia		Der Spaßmacher Kilian BrustFleck	B 1232
1580..	IV 54	Werbeplakat für des Fürsten zu	
Schreib und Rechenschule	IX 47	Anhalt Regiment	I 132
Das Aufschneidemesser	B 1109	Plakat der englischen Springer in	
Der Steinmetz	A 430	Nürnberg.	X Beil. 5
Bericht, Fisch zu essen 1587 ..	A 841	HanswurstAbschied aus Leipzig .	B 1231
Wunderbarliche Zeitung. Nürn		Plakat einer Seiltänzerin und	
berg 1590	II Beil. 9	eines Hanswurst 1753	B 1230
Hostienschändung in Preßburg1591	XI 17	Grabschrift des Kredits	B 1108
Nürnberger Stückschießen 1592 .	I 78	Lobspruch auf die Glaserkunst 1769	B 1323
Schulunterricht	IX 48	Ein Patentbrief 1791	V 23
Ansicht von St. Gallen 1596 ..	IX 8	Eine HutmacherMarke	VIII 109

III. Städtebilder

Altdorf

	Standort
Am Stadttor	B 1390
Universitätsbibliothek ca. 1725 ..	B 1252
Doktorpromotion	IX 70
Das Alumneum	IX 69
Zug der Professoren	B 1543
Anatomisches Theater	III 110; IX 109
Botanischer Garten.	VII 105
Das chemische Laboratorium ..	III 107
Peters-Pauls-Prozession	IX 68
Empfang des Prokanzlers	VII 126
Disputation der Theologen . ..	IX 67

Amsterdam

Brand des Rathauses 1652 ..	B 1367
Ansicht der Stadt, 17. Jahrh. ..	II 88
Das Krankenhaus..	III 125
Die Synagoge..	XI 59

Ansbach

Einzug des Markgrafen	B 1278

Antwerpen

Das Hansahaus	II 69
Spritzenprobe	B 1369

Aschaffenburg

Sammlung des Landsturms 1799	I 178

Augsburg

Übergang des Stadtregiments an die Zünfte 1368..	VIII Beil. 7
Geschlechtertanz 1520	A 537—539
Augsburger Konfession 1531 ..	B 1419
Religionsstreitigkeiten 1584..	XII 45
Das Reichspostthaus 1616.. ..	B 1372
Einzug der Mönche 1632	XII 61
St. Anna-Kollegium 1635.. ..	XII 68, 69
Ansicht mit brennenden Häusern	II 41
Festlichkeiten zur Krönung Josephs 1690	B 1430
Theater auf dem Markt ca. 1700	X 100
Die Stadtbibliothek 1713	B 1265
Straßenbild um 1717	II 132
Gottesdienst in der Barfüßerkirche 1717.	XII 82
Ehrenpforte in der S. Jakobskirche 1730	XII 83
Die Ursulakirche	IX 98
Unterer Saal im Rathaus	B 1558
Steuerstube im Rathaus	B 1557
Gerichtsstube im Rathaus	B 1556
Vorzimmer im Rathaus	B 1555
Hinrichtung einer Kindesmörderin um 1730	IV 136
St. Anna-Gymnasium 1731 ..	IX 83, 93
Festsaal im Gymnasium	B 1554
Das Schlachthaus	VIII 110
Der Brotmarkt	B 1526
Städtische Lotterie	B 1431
Der Schießplatz Rosenau	B 1542
Armbrustschießen	B 1311
Eine Hinrichtung	B 1541
Trachten von Handwerkerfrauen 1739	B 1568
Trauerkleidungen	B 1617, 1619
Einholung einer Prinzessin 1781	B 1455
Papst Pius VI. erteilt seinen Segen 1782.	B 1461
Aufstieg eines Luftballons 1784	B 1755

Bamberg

*Wunderzeichen am Himmel 1560	A 416

Basel

*Bannerträger mit Stadtwappen	I 48
Volksbelustigung um 1650.. ..	B 1035

Berlin

Feuerwerk 1592	B 1288
Zeichenschule in der Kgl. Akademie 1701.	B 1263
Luftschiff Königs Friedrich I. ..	B 1434
Das Zeughaus um 1706	B 1527
Eine Hinrichtung 1718	IV 103

	Standort
Edikt über Hökerweiber 1723 ..	VIII 131
Treiben bei den Zelten um 1780	B 1510
Höpners Verbrennung 1786 ..	IV 144, 145
Fackeltanz am Hof 1795	B 1458
Ein Spielwarenhändler 1796 ..	V 69
Braunschweig	
Ballett zur herzogl. Hochzeit 1653	B 1294—96
Bremen	
*Ansicht der Stadt um 1580 ..	II 33, 34
Rathaus mit Rolandsäule	II 120
Breslau	
*Glückwunsch Salvatorkirche ..	IX 89
Castell	
Ansicht der Stadt	B 1385
Cöln	
*Ansicht der Stadt 1499	II 13
*Einladung zum Preisschießen 1501.	A 712
Kleidung der Mägde um 1600..	A 583
Eine Kölner Magd um 1650 ..	B 1083
Der alte Markt um 1655	II 85
Sitzung des Rats um 1670 ..	B 1421
Danzig	
*Kleidung einer Magd um 1586	A 588
Aufzug der Tischlergesellen 1670	B 1326
Die Hauptwache um 1765 . ..	IV 126
Der Artushof	II 70
Bratäpfelverkäuferin um 1780	B 1751
Dillingen	
Hinrichtung des Hiesel 1771 ..	X 92
Donauwörth	
Ankunft des Kaisers 1764 . ..	B 1471
Dresden	
Das Residenzschloß im 17. Jahrh.	B 1364
Bankett in Rechenbergs Lustgarten 1653..	B 1301

	Standort
Feuerwerk für den König von Dänemark	B 1293
Tierkampf 1678	B 1305
Jagd auf Wildschweine	B 1303
Hetzen von Hirschen	B 1302
Fuchsprellen	B 1304
Aufzug der Armbrustschützen ..	B 1306
Die alte Frauenkirche um 1690	XII 80
Platz an der Frauenkirche	B 1382
Inneres der Dreikönigskirche ..	XII 81
Lustschloß Moritzburg um 1700	B 1467
Damenkarussell am Hofe 1709..	B 1469
Bergwerksfest im Plauenschen Grunde 1719	B 1468
Damenkarussell 1727	B 1548
Der Platz am Zwinger um 1730	B 1525
Illumination des Brühlschen Palais 1738	B 1466
Tierkampf im Jägerhof 1746 ..	B 1335
Parade der Leibgrenadiere 1766	I 173
Eine Hinrichtung 1804	IV 132
Ebernburg	
*Belagerung der Veste Franz von Sickingens 1523	A 900
Ems	
Ansicht von der Lahnseite um 1630	III 52
Erfurt	
Die alte Synagoge (Zeichnung)	XI 24
Erlangen	
Einzug des Markgrafen Friedrich 1743	B 1454
Einweihung der Universität 1744	B 1453
Ansicht der Stadt um 1750 ..	IX 111
Erlastegen	
Fränkischer Herrensitz um 1700	B 1361
Eschenbach	
Ansicht des Schlosses um 1720	B 1358
Frankfurt am Main	
*Allerhand Meßkram um 1510	II 96

	Standort
*Belagerung 1552	A 902
*Kleidung der Mägde um 1586	A 585
Krönungszug des Kaisers Matthias 1612	B 1397
Ringelrennen vor Kaiser Matthias 1612	B 1411
Krönungsfestlichkeiten für Matthias 1612	B 1409
Plünderung der Judengasse 1614	XI 35, 36
Auszug der Juden aus der Stadt 1614.	XI 37
Der Fettmilchaufstand 1616 ..	XI 38, 39; B 1194
Krönungsmahl für Kaiser Ferdinand II. 1619	B 1405
Tanzfestlichkeit zu Ehren Ferdinands II. 1619	B 1410
Die Stadt vom Wasser gesehen um 1625.	II 87
Marktplatz mit Rathaus und Brunnen um 1625	II 97
Vertreibung der Kapuziner aus Frankfurt 1633	B 924
Krönungsmahl für Leopold I. 1658	B 1406
Preisstechen zu Ehren des Kaisers 1658.	B 1313
Krönungszug des Kaisers Leopold I. 1658	B 1398
Umzug der Schreiner 1659. ..	VIII 128
Die städtische Bibliothek 1670 ..	VII 118
Städtisches Schießen 1671 ..	B 1310
Ein Patriziergarten im 17. Jahrh.	B 1360
Huldigung vor Kaiser Karl VI. 1711.	B 1399
Krönungsmahl für Kaiser Karl VII. 1742	B 1407
Ochsenbraten bei der Krönung 1742	B 1400
Illumination zu Ehren des Kaisers 1742	B 1540
Ansicht des Frauenberges um 1750.	B 1379
Schlittenfahrt auf dem Liebfrauenberg um 1750	B 1538
Krönung Josephs II. 1765 ..	B 1402
Krönungszug Leopolds II. 1790	B 1403

	Standort
Krönung des Kaisers Leopold II. 1790.	B 1404
Brand in der Judengasse 1796	XI 93
Frankfurter Dienstmädchen um 1800.	XI 97
Frankfurt an der Oder	
Belagerung um 1640	B 937
Freiberg in Sachsen	
Huldigung vor Friedrich August III. 1769.	B 1432
Fürth	
Die Judenschule 1705..	XI 82
Der Judenkirchhof..	XI 83
Der Marktplatz.	B 1386
Gastein	
Ansicht des Badeortes im 17. Jahrh.	III 54
Gera	
Gesellenbrief eines Glasers 1778	VIII 60
Görlitz	
Ansicht der Stadt um 1620 ..	B 1348
Göttingen	
Ritterspiel vor König Georg II. 1748.	B 1551
Der botanische Garten..	IX 112;
Die Universitätsbibliothek	B 1552 VII 121
Gröningen	
Das große Weinfaß 1730	VIII 122
Haag	
Aufbahrung der Prinzessin Anna 1759	B 1447
Halberstadt	
Ansicht der Stadt um 1620 ..	B 1347
Schwäbisch Hall	
*Drei Schreiber mit je einer Hand 1582	IX 53

Halle an der Saale

	Standort
Das Franckesche Waisenhaus ..	IX 103, 104
Ansicht der Stadt um 1624 ..	VII 103

Hamburg

Miniaturen aus dem Stadtrecht 1497.	II Beil. 4; IV Beil. 9; VI Beil. 4
Kauffahrteischiffe 1675	II 46, 47
Feuerwerk 1698	B 1292
Jubelmahl der Bürger-Kapitäne 1719.	B 1464
Das Pesthospital 1758	III 128
Der Schandpfahl 1760	IV 116
Ein Großkaufmann 1762	II 131
Kaufmanns-Kontor um 1780 ..	II 117

Heidelberg

*Universitäts-Vorlesung um 1560	IX 65
Das Heidelberger Faß 1608 ..	B 1268
Einholung der Prinzessin Elisabeth 1613	B 1273
Die Befestigungen der Stadt 1622	B 1271
Ansicht des Schlosses	B 1270
Truppenexerzitien im Schloß um 1675.	B 1272
Die französischen Grausamkeiten 1689	I 109

Helmstädt

Das Kollegiengebäude	VII 89

Hernals

Ansicht des Ortes im 17. Jahrh.	B 1250

Hiltpoltstein

Ansicht des Schlosses 1699 . ..	B 1356

Hohenlandsberg

Das Schloß und seine Befestigung 1554	A 903

Hohentwiel

Belagerung durch die Kaiserlichen 1641	B 939

Jena

	Standort
Ansicht mit einer Hinrichtung im 18. Jahrh.	IV 106

Ingolstadt

Schmähbrief des Paul Rauber um 1500.	IV Beil. 8
Belagerung 1546	I 70; A 906
Universitäts-Bekanntmachung 1546	IX 64

Karlsbad

Der Sprudel im 17. Jahrh. ..	III 100

Kiel

Ein Student in Kavalierstracht um 1740	IX 110

Kolberg

Ansicht der Stadt um 1625 ..	I 117

Königsberg in Preußen

Huldigung für den Großen Kurfürsten 1663	B 1417

Königstein in Sachsen

Das große Faß auf der Festung 1725.	B 1269

Konstanz

Straßenansicht um 1730	B 1520

Kreuznach

Einnahme der Stadt 1673 . ..	B 944

Leipzig

*Belagerung der Stadt im Schmalkaldischen Krieg 1547	A 905
Abnahme des Turmknopfs der Nikolaikirche 1592	VIII 115
Belagerung der Pleißenburg 1632	I 105
Schwedisches Feuerwerk 1650 ..	B 1291
Fischerstechen auf der Pleiße ..	B 1340
Häscher von Studenten verspottet (Karikatur) 1674.	IX 71, 72

	Standort
Lehrbrief für einen Handlungs‐ lehrling 1699	II 114
Der Marktplatz 1712	B 1377
Landstraße nach der Stadt	II 122
Lehrbrief für einen Tischler 1714	VIII Beil. 8
Richters Naturaliensammlung 1743	B 1254
Wirtshaustreiben nahe der Stadt 1746	B 1565
Abzug der Preußen 1759	I 162
Die Börse	II 134
Promenade vor dem St. Thomas‐ tor 1777	B 1545
Auerbachs Hof 1778	II 123
Vor dem Peterstor um 1780	B 1546
Marktfiguren um 1790	B 1743—48
Die Messe um 1800	II 124
Arbeitsbescheinigung für Drechs‐ lergesellen 1801.:	VIII Beil. 9

Leyden

Die Universitätsbibliothek 1610	VII 108
Der Anatomiesaal	III 109
Der botanische Garten	III 112
Studentische Fechtübungen	IX 74

Liegnitz

Die Schlacht 1760	I 159

Linz

Belagerung durch die Bauern 1626	VI 124

Lübeck

*Ansicht der Stadtbefestigungen um 1560	II 32; A 850
Ansicht des Marktplatzes um 1580	II Beil. 7
Ansicht der Stadt aus dem 17. Jahrh.	B 1376
Der letzte Schutzjude um 1830. Federzeichnung	XI Beil. 3

Magdeburg

*Allegorie auf die Gründung der Stadt	II 12
Belagerung 1631	B 938

	Standort
Mainz	
Frachtbrief aus dem Jahre 1756	II 110
Mannheim	
Die Wache präsentiert vor dem Kurfürsten um 1750.	B 1524
Marburg	
Ansicht der Stadt um 1624	VII 104
München	
Turnier 1500	A 721
Einzug des Herzogs Wilhelm	B 1275
Einzug des Pfalzgrafen Wolfgang Wilhelm 1614	B 1276
Gottesdienst bei der Mariensäule 1638	B 1393
Der Stechplatz zu dem Kopf 1658	B 1314
Elisabeth‐ und Josephhospital	III 124
Turnier in der Residenz um 1700	B 1470
Jagdschloß zu Fürstenried 1715	B 1512
Der Hofgarten um 1720	B 1515
Rathaus und Kreutelmarkt	B 1378
Freudenfeste 1727	B 1547, 1549
Das Schloß Nymphenburg um 1730	B 1518
Kegelspiel im Schloßgarten Nym‐ phenburg	B 1508
Naturtheater in Nymphenburg	B 1509
Faschingsaufzug 1765	B 1544
Soldatenkneipe an der Isar 1767	B 1635
Nancy	
Belagerung durch die burgundi‐ schen Truppen 1476	I Beil. 1
Naumburg an der Saale	
Brand der Stadt 1714	B 1370
Nürnberg	
Gesellenstechen (1446)	A 710
Die Heiligtümer der Stadt um 1495	A 336
Fehdebrief der Stadt Nürnberg 1499 (Einblattdruck)	IV Beil. 6
Ein Bader um 1520 (Feder‐ zeichnung)	III 87

	Standort
Ratsverordnung für die Metzger	VIII 114
Handwerker an der Arbeit (Miniaturen)	VIII Beil. 3, 4, 5, 6
Lehrvertrag 1533	II Beil. 5
Schembartläufer 1451—1539 (Miniaturen)	VIII Beil. 12
Der Schönbart um 1540 (Miniatur)	V Beil. 5
Feuerwerk zu Ehren Maximilians II. 1570	B 1286
Lehrbrief für einen Schlosser 1576 (Handschrift)	VIII 59
*Nürnberger Magd um 1586 ..	A 587
Nürnberger Magd (Federzeichnung)	A 584
*Auszug zum Stückschießen 1592	I 78
Volksfest auf den Buchenklingen um 1600	B 1319
Patenpfennig 1612 (Medaille)	V 22
Brautpaar mit Begleitern 1614	B1087,1090
Das alte Rathaus..	B 1374
Stadtschießen 1614	B 1308
St. Johannisschießen	VIII 24
Krönungsfeier Kaiser Ferdinands II. 1619	B 1423
Der Marktplatz	B 1375
Fahrt zur Ratssitzung 1620 ..	B 1281
*Seiltänzer im Fechthaus 1628	X 103
Barbier Traz und seine Söhne um 1630	A 763
Löwenfigur aus Pflanzen 1631	B 1394
Friedensfeier 1649	B 1279
Friedensexekutionshauptabschied 1650	B 1280
Armbrustschießen 1650	B 1316
Garten des Christian Peller 1655	B 1363
Einholung des Kaisers Leopold I. 1658	B 1459
Rotgerbertanz 1667	B 1324
*Fischerstechen 1671	B 1338
*Zuchthaus-Gedenkpfennig 1673	B 1206
Kleidertrachten	A 587; B1072,1082 1237, 1239
Ein Kaufhaus	B 1396

	Standort
Das Haus zum goldnen Schild	B 1395
Taufzeremonien 1681	V 21; XII 28
Ein Privatgarten	II 76
Strafe der Weinfälscher	II 76
Freiungs-Ausruf 1682	A 764
Die Derrersche Stiftsprozession	XII 79
Gottesdienst der reformierten Gemeinde	XII 72
Umzug der Zirkelschmiede 1688 und 1694	B 1323 a, 1333
Drei Nürnberger Geistliche 1689	XII 56
Bibliothek des Arztes Jac. Trew	VII 119
Geschlechter-Turnier	II 28
Begräbnis eines Kindes um 1700	V 141
Der Mehlmarkt	II 66
Ein Hausgarten	B 1362
Drechslerumzug	VIII 127
Das goldene Haus 1701	B 1373
Einzug des Kaisers Joseph I. 1705	B 1424
Das Haller Weyerhaus 1708 ..	B 1359
Das Diktaturzimmer	B 1267
Huldigung vor Kaiser Karl VI. 1712	B1416,1425
Karussellreiten 1714	B 1312
Der Marktplatz 1720	B 1380
Die Reitschule bei der Schütt ..	B 1530
Am Tiergärtner Tor	B 1531
Wintervergnügen auf dem Dutzendteich..	B 1539
Umzug der Tuchmacher 1722 ..	B 1327
Zollamt in Nürnberg um 1725	II 105
Der „Neue Bau"	VIII 111
Die St. Sebalduskirche	XII 97
Die St. Lorenzkirche	XII 98
Das Zeughaus	I 142
Das Tiergärtner Tor	II 126
Der innere Lauferplatz	VIII 112
Stückschießen der Bürgerschaft 1729	I 143
Das astronomische Observatorium	VII 123
Bauerntrachten um 1730	VI 138
Fischen im Dutzendteich	B 1480
Stückschießen 1735	B 1309
Findelkinder-Erziehung um 1740	V 95, 106, IX 91, 92

	Standort
Zwei zur Schau gestellte Grönländer	B 1564
Ein Briefbote um 1750	II 129
Schießen auf den Hallerwiesen	B 1317
Pelzlaufen alter Weiber	B 1320
Tierkampf 1759	B 1334
Das Urbanreiten	V 96
Das Schlachthaus........	VIII 107
Verschiedene Trachten um 1765	II 130; V 127, 128; XI 78, 79; XII 32
Umzug der Schreiner 1768 ..	B 1330
Umzug der Hufschmiede	VIII 125; B 1332
Umzug der Tuchmacher	VIII 126
Das Unschlitthaus........	VIII 108
Ein Herrensitz um 1771	VI 145
Austritt der Bürgerkavallerie um 1780	B 1282
Spaziergänger vor den Toren 1784	B 1535
Aufstieg eines Luftballons 1787	B 1753
Die Hallerwiese 1788......	B 1533
Der Schmausengarten 1789 ..	B 1534
Ein Haussierer um 1790	B 1752; XI 94
Eine Marktfrau	V 57
Ein Gänseverkäufer	VI 160
Beerdigung des Herrn von Volkamer 1794........	B 1179
Jahrmarkt um 1800	V 103

Oberhausen

Fränkische Dorfstraße	B 1384

Alt-Oehringen

Marktplatz........	B 1387

Dettingen

*Geleitbrief für Juden um 1750	XI 64

Osnabrück

Bischöfliche Residenz um 1700 ..	B 1517

Passau

*Hostiendiebstahl 1470	XI Beil. 2
*Brand der Stadt 1662	B 1368

Penig in Sachsen

	Standort
Der große Topf um 1720....	B 1331

Plaffenburg

Ansicht der Veste 1553	I 69

Prag

Aufruhr gegen Mönche 1610 ..	B 926
Hinrichtungssjenen 1621	IV 102; B1195,1196
Vertreibung der evangelischen Geistlichen 1622	XII 57
Ansicht der Stadt........	VII 26
*Mordtat an einem Judenknaben	XI 68
Pferde-Schlachten 1742	I 160
Auszug der Juden 1745	XI 66

Preßburg

*Hostienschändung 1591	XI 17

Ravensburg

Platz mit hohem Turm um 1750	B 1522
Straßenansicht........	B 1389

Regensburg

*Schlacht bei Regensburg 1504	I 32
*Bildsäule der schönen Maria 1519	A 345
Stahlschießen 1586	A714—718
Grundsteinlegung der evangelischen Kirche 1627	XII 67
Einzug des Kaisers Ferdinand III. 1637	B 1412
Sitzung des Reichstags 1663 ..	B 1420
Pestlazarett 1713	III 64
Reichstags-Sitzungssaal	B 1266
Festmahl der Reichstagsmitglieder 1717	B 1436
Sitzungsgebäude der Reichsverweser 1742	B 1427

Reichenau

Arbeiten in der Glashütte im 18. Jahrh.	B 1344

Rheinfelden

Eintreffen eines Schiffs mit Kaufmannsgütern 1484	II 29

	Standort
Rheinfels	
Ansicht nebst Allegorie um 1620	B 1346
Belagerung der Franzosen 1692	B 945
Riga	
Ansicht der Stadt um 1620 ..	B 1345
Rothenburg ob der Tauber	
Marktplatz	B 1388
Salzburg	
Lustschloß zu Hellbrunn um 1720	B 1514
St. Gallen	
*Ansicht des Klosters 1596	IX 8
St. Goar	
Ansicht der Rheinseite um 1620	B 1346
Belagerung der Franzosen 1692	B 945
Schleswig	
Huldigung 1580	B 1415
Schönburg	
Ansicht der Burg an der Saale	B 1357
Schwabach	
Das Zuchthaus um 1750	IV 138
Speyer	
*Sitzung des Reichstags 1570 ..	B 1418
Brand der Stadt 1689	I 110
Stettin	
Das Residenzschloß im 17. Jahrh.	B 1365
Stralsund	
Belagerung der Stadt 1628 ..	I 103
Straßburg	
Die Festungswerke um 1625 ..	I 152
Ein Gerichtsbote 1630	IV 130
Der Münster 1645	B 1392
Ansicht der innern Stadt um 1650	II 111
Schlittenfahrt	B 1337
Stadtschießen	A 713
Der Katzen-Thieboldt	V 56

	Standort
Die dicke Seilerin	VIII 102
Übergabe der Stadt 1681	B 1274
Stuttgart	
Feuerwerk für Herzog Johann Friedrich 1609	B 1287
Karussellrennen 1616	B 1307
Inneres der Kunstkammer	B 1255
Hinrichtung des Juden Süß ..	XI 71
Tübingen	
Die Einrichtungen der Universität 1589	IX 22—25
Wartburg	
Ansicht um 1690	B 1355
Weimar	
Schloß mit Lustgarten um 1700	B 1513
Wertheim	
Belagerung der Stadt 1673 ..	B 946
Wessobrunn	
Prozession 1730	B 1446
Wien	
*Einzug Maximilians II. 1565 ..	A 765
*Turnier (1565)	A 723
*Bürgermeister Johann von Thaw um 1575	A 761
Juden-Hinrichtung 1642	XI 84
Wildschweinsjagd im Prater 1666	B 1472
Fuchsprellen im Prater	B 1474
Hirschjagd im Prater	B 1473
Ballett und Aufzug vor der Hofburg 1667	B 1441
Vertreibung der Juden 1670 ..	XI 65
Das Pesthospital 1679	III 127
Der Pestkirchhof	V 134
Die Dreifaltigkeitssäule	B 1460
Festdekoration am Graben um 1680	B 1366
Straßenausschmückung zur Geburt eines Prinzen um 1700	B 1450
Eidesablegung des Universitätsrektors 1700	VII 88
Huldigung vor Joseph I. 1705 .	B 1437

	Standort
Sieges-Illumination 1718	B 1465
Die Hofburg um 1720	I 151
Die Hofbibliothek	B 1253
Der Fürstlich Schwarzenbergische Garten	B 1506, 1516
Allee im Augarten	B 1505
Tierhetze in der Hetzgaffe 1722..	X Beil. 2
Der Graben	B 1383
Der Fischmarkt	B 1381
Hanswurst-Theater	B 1754
Kaifer und Kaiferin bei der Tafel	B 1414
Straßentreiben auf dem Tiefen Graben um 1730	B 1528
Kirche bei Maria Hulff	B 1529
Wirtshaus zum Schwarzen Bären	B 1532
Schlittenfahrt des Hofes auf dem Mehlmarkt	B 1537
Vermählung von Maria Therefia 1736	B 1443
Große Allee im Prater um 1740	B 1499
Garten des Grafen von Paar ..	B 1523
Schloß des Grafen Gundacker	B 1498
Damenfaruffell 1743	B 1550
Ball bei der Vermählung der Erzherzogin Marianne 1744	B 1444
Tanz in der Hofburg	B 1456
Das Schloß in Schönbrunn um 1750	B 1519
Der Stock am Eifen	VIII 113
Weibliche Dienstboten um 1780	B 1740—42
Einzug des Papftes Pius VI. 1782	B 1463
Die liederlichen Frauen werden gefchoren	B 1636
Die gefchorenen Frauen faufen Perücken	B 1637

	Standort
Szenen aus dem Arbeitshaus ..	IV 120
Trauung des Erzherzogs Johann 1788	B 1445
Windsheim	
Anficht der Stadt 1576	VII 74
Wismar	
Anficht der Stadt 1750	II 118
Wohlau	
Hinrichtung von Juden 1661 ..	B 1198
Wolfenbüttel	
*Belagerung der Stadt 1542 ..	I 60
Die Bibliothef im 17. Jahrh. ..	VII 109, 111
Worms	
Brand der Stadt 1689	I 111
Würzburg	
Sitzung des Landgerichts (Miniatur)	IV Beil. 11
*Würzburger Gerichtskalender 1613	IV 95
Anficht der Stadt um 1624 ..	III 79
Belagerung der Stadt 1631 ..	B 936
Überschwemmung des Main 1784	B 1371
Zeithain	
Der große Backofen 1730.. ..	B 1328
Zürich	
Die Stadtprediger von 1519—1719	XII 78
Artillerie der Stadt 1730	I 141

IV. Bildniffe

	Standort
Albrecht IV., Herzog von Bayern 1507—1508	A 44, 721
Aldegrever, Heinrich, Maler 1502—1560	A 443
Amman, Hans, Maler und Schaufpieler um 1650	B 1224
Andreae, Johann Valentin, proteftantifcher Theolog 1586—1654	XII 63
*Aventinus, Johannes, Gefchichtfchreiber 1466—1534	A 316

	Standort
*Avila, Ludwig de, Leibarzt des Kaiſers Karl V.	A 302
Bach, Hans, Geigenſpieler um 1550.	B 1242
*Baer, Loeb, jüdiſcher Arzt zur Zeit des Dreißigjährigen Krieges	XI 43
Baſedow, Johannes Bernhard, Philanthrop 1723—1790	IX 105
Baumann, Jakob, Arzt in Nürnberg um die Mitte des 16. Jahrh.	III 80
Bauſſe, Georg, Geigenſpieler um die Mitte des 17. Jahrh.	B 1243
Beck, Johann Ferdinand, Theaterdirektor im 18. Jahrh.	X Beil. 3
Beham, Hans Sebald, Maler 1500—1550	A 444
Boerhaave, Hermann, holländiſcher Mediziner 1668—1738.	III 129
Bonus, Ephraim, jüdiſcher Arzt zu Amſterdam 1606—1669.	XI 44
*Bora, Katharina von, Luthers Gattin 1499—1552	A 324
*Brant, Sebaſtian, Gelehrter und Dichter 1458—1521	A 319
Camerarius, Joachim, Naturforſcher 1500—1574	IX 61
*Carl V., Kaiſer, in höherem Alter, 1519—1556.	A 285
*Celtes, Konrad, Humaniſt in Wien 1459—1508	VII 61
Claus Narr, ſächſiſcher Hofnarr um 1530—1560	B 1238
Comenius, Johann Amos, Philoſoph und Pädagog 1592—1670	IX 100
*Copernicus, Nicolaus, Aſtronom 1473—1543	VII 84
Crell, Nicolaus, kurſächſiſcher Kanzler und Calviniſt 1552—1601	XII 48
Dorſch, Wolffgang, Pritſchenmeiſter in Nürnberg um 1740.	B 1226
*Dürer, Albrecht, Maler 1471—1528.	A 317
Eckenberg, Johann Karl von, Athlet um 1718	X 107
Erasmus, Deſiderius, Theolog und Humaniſt 1467—1536	VII 70; IX 59
Ernſt, Erzherzog um 1600	A 758
*Eybe, Albrecht von, Gelehrter und Schriftſteller 1417—1502	VII 56; A 300, 304
Faber, Georg, Quackſalber um die Mitte des 17. Jahrh.	IX 98
Fabricius, Wilhelm [Hildanus], Mediziner 1560—1634.	III 105
Farffler, Stephan, Uhrmacher und Erfinder 1632—1689	VIII 36
Feigel, Philipp, Mörder hingerichtet 1788	IV 133
Fellner, Chriſtoph, Betrüger in der erſten Hälfte des 18. Jahrh.	B 1214
Francke, Auguſt Hermann, Pädagog und Theolog 1663—1727	IX 103
Friedrich II. der Große, König von Preußen 1740—1786	I 155, 168
*Friſchlin, Nicodemus, Philolog und Dichter 1547—1590	VII 93
Frölig, Joſeph, Taſchenſpieler um 1730.	B 1241
*Fugger, Jakob, Augsburger Patrizier und Handelsherr Anfang des 16. Jahrh.	II 89
*Füllmaurer, Heinrich, Maler in Baſel um 1540	A 441
*Gesner, Konrad, Naturforſcher 1516—1565	VII 98
*Geyler von Keiſersberg, Prediger in Straßburg 1445—1510	A 320
Großgebauer, Theophil, evangeliſcher Prediger 1627—1661.	XII 76
Gundermann, Chriſtoph, Profeſſor in Leipzig in der zweiten Hälfte des 16. Jahrh.	XII 48
Guſtav II. Adolf, König von Schweden 1611—1632	B 934, 935, 936
Guttmann, Johannes, bayriſcher Radmacher um 1725	B 1325
Hamelmann, Hermann, Theolog und Hiſtoriker 1525—1595.	VII 92

	Standort
Hedloff, Melchior, Wildschütz, hingerichtet 1654 ..	B 1217
Helle, Albert von der, Bürgermeister in Soest 1538 .	A 322
Heßhusius, Tilemann, lutherischer Geistlicher 1527—1588 ..	XII 44
Hessus, Helius Eobanus, Humanist und Dichter 1488—1540 ..	VII 65; A 318
Hiesel, der bayrische [Matthias Klostermaier], Räuber 1738—1771 ..	B 1215
*Honauer, Jörg, Alchimist und Betrüger, hingerichtet 1597 ..	B 1205
*Hutten, Ulrich von, Vorkämpfer der Reformation 1488—1523 ..	VII 68; A 328, 349
*Hyperdemander, Peter, evangelischer Pastor in Ulm 1533—1586 ..	XII 29
Janetschky, Christian, Schauspieler in der zweiten Hälfte des 17. Jahrh. .	B 1229
*Jason de Mayno, italienischer Jurist 1435—1519 ..	IX 30
Joseph I., Kaiser 1705—1711 ..	B 1437, 1440
Joseph II., Kaiser 1765—1790 ..	B 1435
*Judenkönig, Hans, Musiker im ersten Viertel des 16. Jahrh. ..	A 555
Keppler, Johann, Astronom und Mathematiker 1571—1630 .	VII 90
Knipperdolling, Bernt, Wiedertäufer, hingerichtet 1536 ..	A 326
Krause, Matthäus, Rebell im Anfang des 18. Jahrh. ..	B 1204
Kronberg, Baron, Betrüger um 1738 ..	B 1213
Leibniz, Gottfried Wilhelm von, Philosoph 1646—1716 ..	VII 115
Leopold I., Kaiser 1658—1705 ..	B 1448, 1459
Leupold, jüdischer Münzmeister in Berlin, hingerichtet 1573 ..	XI 73
Leyden, Johann von [Jan Beuckels], Wiedertäufer 1509—1536..	A 323
Lubinus, Eilhard, Professor der Theologie und Dichter 1565—1621 .	XII 55
*Ludwig XIV., Herzog von Bayern 1511—1545 ..	A 378
*Luther, Martin, Reformator 1483—1546 ..	VII 85; A 325, 349
Manasse, Israel ben, Rabbiner in Amsterdam 1636..	XI 58
*Margriet (von Österreich, Statthalterin der Niederlande 1480—1530 ?) .	A 453
Maria Theresia, Kaiserin von Österreich 1736—1780 ..	B 1443
Maximilian I., Kaiser 1493—1519 ..	VII 57
*— als junger Prinz..	A 424, 426, 492, 730
(s. auch Weislunig Abt. V S. 85)	
*Maximilian II., Kaiser 1564—1576..	B 1418
Mejer, Jonas, jüdischer Betrüger im 18. Jahrh. ..	XI 86
*Meyer, Albert, Maler in Basel um 1542 ..	A 441
Melanchthon, Philipp, Reformator 1497—1560..	VII 86; IX 60
Mendelssohn, Moses, Philosoph 1729—1786 ..	XI 95
Möller, Arnold, Schreib- und Rechenmeister um 1644 ..	IX 86
Müffel, Nürnberger Patriziergeschlecht ..	II 40
*Müller [Mylius], Georg, Geistlicher in Augsburg 1548—1607 .	XII 46
Müller, Heinrich, Prediger und Erbauungsschriftsteller 1631—1675 .	XII 75
*Murner, Thomas, Satiriker und Gegner Luthers 1475—1537 ..	A 305

Standort

Naylor, Jakob, Quäker um 1657 .. .. XI 60

Neander, Michael, Philolog, Rektor in Ilefeld 1525—1595.. .. .. IX 51

Occo, Adolph, Augsburger Arzt 1523—1605.. .. .. III 84

Opitz, Martin, Dichter 1597—1639.. .. .. VII 110

Paracelſus, Theophraſtus, Naturforſcher 1493—1541 .. .. III 103;
VII Beil. 2

Penſen Koffer, Georg, Oberkellner um 1750 .. .. B 1134

Peſtalozzi, Johann Heinrich, Pädagog 1746—1827 .. .. IX 117

Pirckheimer, Willibald, Humaniſt in Nürnberg 1470—1530. .. .. VII 72

Pius VI., Papſt 1775—1799 .. .. B 1463

*Prasperger, Balthaſar, Muſiker um 1500 .. .. A 554

Prüller, Nürnberger Patriziergeſchlecht .. .. II 39

*Rieſe, Adam, Rechenmeiſter 1489—1559 .. .. IX 85

*Röslin, Euchariuſ, Stadtarzt zu Worms und Frankfurt um 1504—1526 .. .. VII 100

Roſe, Konrad von der, Hofnarr des Kaiſers Maximilian I. .. .. A 616

Roſenkron, zwei Muſikvirtuoſen um 1679 .. .. B 1240

*Rudalphinger, Johannes, Muſiker in der erſten Hälfte des 16. Jahrh. .. .. .. A 321

Rudolph II., Kaiſer 1576—1612. .. .. B 1449

Sabatai-Sevi, jüdiſcher Schwärmer 1626—1676 .. .. XI 60

*Sachs, Hans, Schuhmacher und Meiſterſinger 1494—1576 . .. . VIII 120

Sander, Johann, Rieſe um 1683 .. .. X 105

Scheerſchmidt, Lorenz, Verbrecher um 1750 .. .. B 1210

Schinderhannes [Johann Bückler], Räuber 1779—1803 .. .. X 93

Schuppach, Michel, Quackſalber in der zweiten Hälfte des 18. Jahrh. .. .. .. III 131

Schuppiuſ, Balthaſar, Hamburger Geiſtlicher 1610—1661 .. .. XII 74

Scriver, Chriſtian, Geiſtlicher in Norddeutſchland 1629—1693 .. .. XII 77

Sleidanuſ, Johannes, Rechtsgelehrter 1506—1556.. .. .. VII 77

*Speckle, Rudolph, Holzſchneider in Baſel um 1540 .. .. A 442

Spener, Jakob, Begründer des Pietismuſ 1635—1705 . .. . XII 86

*Springinklee, Michael, Nürnberger Spruchſprecher um 1580 .. .. B 1234

*Stöffler, Johannes, Mathematiker 1452—1531.. .. .. VII 81

Styrum, Hermann Otto Graf von, Oberſtleutnant um 1678. .. .. I 112

Süß-Oppenheimer, Joſeph, jüdiſcher Finanzminiſter 1692—1738. .. .. XI 69, 71

Thomaſiuſ, Chriſtian, Rechtslehrer und Philoſoph 1655—1728.. .. .. VII 116

Tratz, Georg, Barbier in Nürnberg um 1635 .. .. A 763

Trenck, Friedrich Freiherr von der, in Ungnade gefallener Offizier 1726—1794. B 1211

Tucher, Nürnberger Patriziergeſchlecht .. .. II 38

*Veſaliuſ, Andreas, Schöpfer der wiſſenſchaftlichen Anatomie 1514—1564 .. .. III 77

Weber, Wilhelm, Poet und Spruchſprecher, Nürnberg 1662. .. .. B 1235

Welſer, Augsburger Patriziergeſchlecht .. .. II 43

*Wilhelm IV., Herzog von Bayern 1508—1550 .. .. A 378

Winckelmann, Johann Joachim, Kunſtgelehrter 1717—1768. .. .. VII 127

Wolf, Chriſtian Freiherr von, Philoſoph 1679—1754 .. .. VII 117

Zanella, Hieronymuſ, Quackſalber um 1676 . .. . III 117

Zaſiuſ, Ulrich, Rechtsgelehrter und Humaniſt 1461—1535 .. .. VII 58

*Zwingli, Ulrich, Schweizer Reformator 1484—1531 .. .. A 327

V. Bücher-Verzeichnis

a. Drucke ohne Illustrationen

Standort

Ablaß-Ankündigung. Um 1490 ..	A 330
Der Landfriede. 1495	IV Beil. 10
Verhalten zur Pestzeit. Augsburg, Schaur um 1496	III 65
Nürnberger Fehdebrief 1499 ..	IV Beil. 6
Gebet an den hl. Levinus. Um 1500	A 331
Fehdeansage 1504	IV Beil. 7
Hochzeitsordnung von München um 1508	A 367
Aine schone Leere. Augsburg um 1509	V 47
Brief von Papst Julius 1509 ..	A 364
Achterklärung des Grafen Leiningen 1512	A 366
Steuerordnung. Landshut 1519	VI 95
Lied von dem Hutten 1521 ..	A 365
Schlacht vor Pavia 1525	I 23
Ratsverordnung. Nürnberg 1526	VIII 114
Ratsverordnung. Basel 1524 ..	XII 16
Schwäbisches Bundes-Edikt 1529	X 67
Bauernregel. Um 1530	VI 48
Warnung vor Hans von Wertha 1536	A 368
Universitätsanschlag. Ingolstadt 1546	IX 64
Schmähung gegen Luther 1562	XII 38
Der armen Christen Gebet. Nürnberg 1582	XII 54
Der gerichtliche Prozeß. Um 1582	IV 80
Historia von Dr. Faust. Frankfurt 1587	VII 79
Warnung vor Advokaten. Köln 1613	IV 90
Mandat des Herzogs von Sabello 1638	I 89
Neuer Hirtenjubel 1654	B 1176
Ankündigung eines Wasserkünstlers. Um 1680	X 108
Edikt gegen die Hökerweiber. Berlin 1723	VIII 131

Edikt gegen die Juden. Berlin 1726	XI 76
Schweizerisch Exercitium	I 150
Hinrichtung des Juden Süß 1738	XI 70
Gebet bei einer Kriegserklärung	XII 99
Edikt gegen die Juden. Berlin 1747	XI 77
Geleitbrief für Juden um 1750	XI 64
Mainzer Frachtbrief 1756	II 110
Gesellenbrief für einen Glaser. Gera 1778	VIII 60

b. Blockbücher

Der Antichrist	VII 24
Die Apokalypse (Ausschnitt) ..	X 12
Die Chiromantie des Dr. Hartlieb	A 384
Donet. Ulm, Dinckmut 1475 ..	IX 1
Die sieben Planeten..	VI 16; VII 23; X 22; A 103. 104, 421
Das Ringerbuch	A 109, 110

c. Bücher mit Holzschnitten

(Einblattdrucke s. auch „Blätter unbekannter Meister", Abteilung II c.)

A

Abbildungen der Raubschlösser 1523	A 898
Aesop deutsch. Ulm, Joh. Zainer um 1475	II 16; IV 98; A 159
— Augsburg, Günth. Zainer um 1476	II 19; VI 55
Albertus Magnus.Secreta.Speyer, Conrad Hist um 1495	IX 27
— Heimlichkeiten. Augsburg um 1519..	V 2
— Heimlichkeiten. Frankfurt 1581	VI 43
Allendorf, Philipp von. Juden Badstub 1535	XI 33
Altensteig, Füllerei. Straßburg 1525..	A 600

	Standort
Amman, Erasmus. Newe mer. Augsburg 1521 ...	VI 94
Amman, Joſt. Charta lusoria. Nürnberg 1588 ...	X 38; A 636—638
— Kunſt⸗ und Lehrbüchlein. Frank⸗ furt 1578 ...	I 76, 77
— Reutterey. Frankfurt 1584 ..	I 75
Apianus. Inſtrumentenbuch. In⸗ golſtadt 1532 ...	VII 95
Aretinus. Sigismunda. Augsburg, Bämler 1482 ...	IV 13; A 120—122
Ariſtoteles. Expositiones. Köln, Quentell 1497 ...	IX 44
Arnoldus de Villa nova. Regimen sanitatis. Köln 1507	IX 28
— Bereitung des Weins. Straß⸗ burg 1519 ...	A 602
Ars memorativa. Augsburg, Sorg um 1490 ...	V 113; IX 14, 54
Areſtebyge boek. Magdeburg, Si⸗ mon Koch 1483 ..	III 21
Avila. Regiment der Gesundheit. Augsburg 1531 ...	III 49; VII 37; A 739

B

	Standort
Baer. majim chajim. Prag um 1637 ...	XI 43
Barlaam und Josaphat. ſ. Damaſ⸗ cenus	
Bartiſch, G. Augendienſt. Dresden 1583 ...	III 94--96
Bericht über Hans Vatter. Nürn⸗ berg 1562 ...	X 96
Bertachinus, Joh. Repertorium. Lyon 1548 ...	VII 25
Bibel deutſch. Augsburg, Schön⸗ sperger 1487 ...	I 14
— niederdeutſch. Lübeck, Arndes 1494 ...	I 13
— niederdeutſch. Halberſtadt 1520	IX 2
— lateiniſch. Lyon 1520	VII 10
— lateiniſch mit Erläuterungen. Lyon 1528 ...	VII 12

	Standort
Boccaccio. Von berühmten Frauen. Ulm 1475 ...	VI 8; A 428, 551
Bock, H. Kräuterbuch. Straßburg 1546 ...	III 76; V 5; VI 54, 82; A 169—172
Bodenſtein, A. Von der Meſſe. Wittenberg 1522 ...	X 47
Boeſchenſtein, J. Rechenbüchlein Augsburg 1514 ...	IX 33
Botho, C. Cronecken der Saſſen. Mainz 1492 ...	II 12; VII 17; A 454—456
Brack. Vocabularius rerum. Augs⸗ burg 1495 ...	IX 11
Brant, Seb. Clagſpiegel. Straß⸗ burg 1516 ...	VII 54
— Clagſpiegel. Augsburg 1536	IV 52
— Meteor bei Enſisheim 1492	A 415
— Mythologia Aeſopi. Baſel 1501	XII 15; A 164, 226 —229, 816
— Narrenſchiff. Baſel 1494 ..	II 83; IV 75; VII 49; X 59; A 647—662, 667
Breviarium Traiectense. Ulm 1505	A 735
Breydenbach, B. Reiſe gen Jeru⸗ ſelem. Mainz 1486	II 9; XI 6
Brigitta Revelationes. Lübeck 1492	VIII 23
Bruder Rauſch. Straßburg 1515	A 603
Brunnfels, O. Catalogus medi⸗ corum. Straßburg 1530	III 10
— Kräuterbuch. Straßburg 1530	III 75
Bruno. Hiſtorien. Augsburg 1541	A 738
Brunſchwig, H. Chirurgia. Straß⸗ burg 1497 ...	III 30, 33; 92; IX 20
— Deſtillierbuch. Straßburg 1502	A 303, 309
— Deſtillierbuch. Straßburg 1512	III 11, 44, 57; VII 34, 35, 46
— Liber pestilentialis. Straß⸗ burg 1500 ...	III 23, 41; A 310, 593

Standort

Buch der Kunst geiftlich ju werden.
Augsburg 1477 .. .. — V 18
Buch der Weisheit. Ulm 1484 .. — IV 34; A 134, 160
Büchlein vom Habicht. Augsburg 1497.. .. .. — A 814
Büchlein wider das Zutrinken. Augsburg 1534 .. .. — A 235
Bulle Karls IV. Straßburg 1485 — A 737

C

Cato cum glossa. Augsburg, Schönsperger 1497 .. .. .. — IX 10
Cato moralissimus. Deventer 1499.. .. .. — IX 15
Celtes, C. Libri amorum. Nürnberg 1502 .. .. — II 8; VII 62; A 297, 298

Cessolis, Jacob de. Schachjabel. Augsburg 1477 .. .. — VIII 7, 10
Chronik van Coellen. Köln 1499 — I 3; II 13; VI 111; A 137

Cicero. De officiis. Augsburg 1531 .. .. — II 14, 49, 64; III 22, 48; VI 42, 73; X 56, 57; XI 8; XII 33; A 257, 258, 307, 409, 785

Cochlaeus. Siebenköpfiger Luther. Leipzig 1529 .. .. — XII 20
Columna, Guido de. Hiftorie von Troja. Augsburg 1479 .. .. — II 17; IV 6
Combißt vom Bapft .. .. .. — A 347
Comenius. Orbis pictus. Nürnberg 1746 .. .. — IX 101, 102
Concilium ju Conftanj. Augsburg 1536.. .. .. — VIII 31; A 746—748

Corio, B., Chronica. Mailand 1503.. .. .. — VII 55
Corvinus, Laur. Carmina. Köln 1508.. .. .. — IX 31

Standort

Crescentiis, Petrus de, ju teutsch Speyer, Drach 1493.. .. .. — VI 13, 50, 51, 52, 53; A 139—147
Cuba, Joh. de. Hortus sanitatis latein. Mainj 1491 .. .. .. — II 23; III 29; VII 21, 22
— Hortus sanitatis latein. Straßburg um 1498 .. .. — III 15; VI 2; A 158
— Hortus sanitatis deutsch. Mainj 1485.. .. .. — III 12
— Hortus sanitatis deutsch. Augsburg 1486 .. .. — III 28, 73, 74
— Hortus sanitatis niederdeutsch. Lübeck 1492 .. .. — III 18
Curio. Valetudo. Frankfurt 1545 — X 46

D

Damascenus, Joh. Barlaam. Augsburg um 1477 .. .. — II 15; V 4; [X 11
Damhouder, Jod. Praxis rerum crim. Antwerpen 1554 .. .. — IV 63, 84; A 381
De generibus ebriosorum. Nürnberg 1516 .. .. — IX 50; X 37
Dialogus von jweyen Pfaffen Köchin 1523.. .. .. .. — A 699
Donatus grammaticus. Nürnberg, Hölgel 1500.. .. .. .. — IX 46
Dryander, J. Arjney Inhalt. Frankfurt 1542 .. .. — V 1
— Arjney Spiegel. Frankfurt 1537 — V 135; A 312

E

Eck. Chrysopassus 1514 .. .. — A 287
Elucidarius deutsch. Augsburg, Käftlin 1481.. .. .. .. — V 112
Eobanus. Pugna studentum. Erfurt 1506 .. .. — VII 64
Epistolae obscurorum virorum. Hagenau 1516 .. .. — VII 67
Erasmus. Paraphrafes. Zürich 1522.. .. .. — VII 13
Etterlin. Chronik. Bafel 1507 . — A 863
Eulenspiegel. Straßburg 1515 .. — VII 51

	Standort
Exercitium puerorum. 1500 ..	IX 13
— Deventer, Paffroet 1489.. ..	IX 29
Eybe, Albrecht von. Ehelich Weib.	
Augsburg 1517	A 304
— Spiegel der Sitten. Augsburg	
1511..	VII 56;
	A 300
F	
Florio und Bianceffora. Metz 1499	IX 19
Folz, Hanz. Fastnachtsspiel.	
Bauernheirat. Nürnberg 1519	VI 102
— Gedicht vom Brantwein. Nürn-	
berg um 1479	A 461
— Rechnung Ruprecht Kolbergers.	
Nürnberg um 1482	XI 32
— Nürnberg 1491	XI 7
— Spruch von der Pestilenz.	
Nürnberg 1482	III 66
— Von drei Studenten. Nürn-	
berg 1480.	IX 16
Formular und Canzleibuch. Frank-	
furt 1571	IV 93
Formular-Buch. Köln 1716. ..	IV 135
Fronspergers Kriegsbuch. Frank-	
furt 1573	I 43, 44;
	III 36
Fuchs. Kräuterbuch 1542	A 441, 442
G	
Galenus. Opera. Basel 1562 ..	III 25
Galmy, Ritter aus Schottland ..	A 380, 734
Geber. Alchimia. Straßburg 1531	VII 97
Geyler von Keisersperg. Alphabet.	
Straßburg 1518	A 244, 487
— Brösamlin. Straßburg 1517	II 24,27,96;
	V 125; VII
	47; VIII25;
	A 224, 225,
	608
— Die Emeis. Straßburg 1517	A 398, 400
— Evangelien. Straßburg 1515	V 121
— Zehen Gebot. Straßburg 1516	I 61; II 80;
	IV 40; V 55
— Häslein. Augsburg 1510 ..	A 577
— Häslein. Augsburg 1511 ..	A 576
— Heylsame lere. Ulm um 1490	IX 49
	Standort
Geyler von Keisersperg. Passion	
Jesu. Straßburg 1514	XII 34
— Postill. Straßburg 1522 . ..	VI 99
— Predigen. Augsburg 1508 ..	X 45
— Spinnerin. Augsburg 1510 .	A 741
— Sünden des Mundes. Straß-	
burg 1518	VII 99;
	A 239—241,
	598
Geistlich Mühle 1521	A 358
Gengenbach. Buntschuh. Nürn-	
berg 1514..	VI 114
Gerichtsordnung. Oppenheim 1523	IV 42
— Worms 1535	IV 50
Gersdorf, Hans von. Wundarznei.	
Straßburg 1517 (1528)	I 56; III 27,
	34, 35, 59—
	61, 89—91,
	93; A 886
Gerson, Joh. Opera. Basel 1489	X 44
Gespräch von zweyen Gesellen.	
Augsburg 1524	A 230, 231
Grammateus, H. Rechnung.	
Nürnberg 1518	II 71, 84
H	
Halsgerichtsordnung Bamberger.	
Mainz 1508	IV 8, 9, 12,
	18, 37, 41,
	47, 59, 86
— Bamberger. Mainz 1510 ..	IV 16, 31,
	33, 46, 48,
	57, 76, 77;
	A 375, 594
— Brandenburgische. Nürnberg	
1517..	A 376
Hamelmann. Oldenburgische Chro-	
nik 1599 .. .. .'.	I 81; VII 92
Hauß halten. Nürnberg. H. Mayr	
um 1495	A 148
— f. auch Lere	
Heiligen Leben. Lübeck 1499 ..	V 40; VIII
	11; X 43
— Lübeck 1507	V 6; X 41
— Straßburg 1513	X 61; A 429
Herbarius f. Cuba	

	Standort
Herkomannus. Spottschrift 1720	IV 139
Hero, Mich. Schachtafeln der Gesundheit. Straßburg 1533 ..	III 56, 83; VI10; A614
Hieronymus. Altväter Leben. Straßburg 1507	IV 99
Hippokrates. Opera. Basel 1526	VII 76
Histori von Ketzerpredigern. 1521	A 353
— von Leuppold von Österreich. Augsburg 1481	IV7; A 549
— von Loher oder Lotarius. Straßburg 1514.	I 16; II 11; X 33; A 557
— wie die Türken usw. Augsburg 1482	A 749
Hörburger, H. Stände der Menschen. Augsburg 1531 ..	VIII 64
Hortus sanitatis s. Cuba	
Hrosvita. Opera. Nürnberg 1501	VII60; A299
Huggelin, J. J. Von Bädern. Mühlhausen 1559	III 53
Hutten, U. von. Triumph Reuchlins 1518	VII 69
— Ermordung. Mainz 1519 ..	IV 35
— Gesprächbuch. Straßburg 1521	A 349

J

Josephus, Flavius. Opera. Lübeck um 1474 (Initialen)	I S. 6; VII S. 6
Juden von Sternberg. Lübeck 1492	XI 27
— s. auch Simon	
Judenkönig, Hans. Lautenspiel. Wien 1523	A 555
Judenspieß. Straßburg 1541 ..	XI 34

K

Kalender nyge. Lübeck 1519 ..	II 2; III 19, 40,43; VIII 22; A.221, 474—477
Keisersperg s. Geyler	
Küchenmeisterei. Augsburg 1507	A 574
— Straßburg 1516..	A 575

L

Laienspiegel. Worms 1507.. ..	A 249

	Standort
Laienspiegel. Augsburg 1509 ..	A372—374, 750
Landtfrid. Mainz 1521.	IV 49
Leimbach, Georg. Praktika. (Erfurt?) 1499	VI 49
Leonrodt, Hans von. Himmelswagen. Augsburg 1517	I 53; II 20; VI 24, 25, 98; VIII 29 [A 447
Leopold von Österreich s. Histori	
Lere sin huß regiren. Lübeck um 1490..	VII 19
Liber vagatorum. Ulm 1510 ..	X 58
Lichtenberger. Prognosticatio. Augsburg um 1530	A 740
Lirar, Thoman. Schwäbische Chronik. Ulm 1486	VI9; A 854
Livius. Römische Historien. Mainz 1505	I 15
— Mainz 1514..	IV 110
— Mainz 1523..	I 1, 46, 47; II 1, 10; IV17,20,51; VI 113; VII 20; VIII 26; A 846, 876 —880, 899
Locher, Jakob. Panegyrici. Straßburg 1497	VII 66
Löhneyß, Georg Engelhardt. Bergwerk. Zellerfeld 1617	B1341,1342
Lonicer, Adam. Kräuterbuch. Ulm 1679.	III 1; VI45
Lothar s. Histori	
Luther, Martin. Abbildung des Bapstum. Wittenberg 1545 ..	XII 3
— Das Bapsthum 1526	XII 11; A 354—357
— Wider die Bawren 1525 ..	XII 17
— Erklärung der zehn Gebote. Basel 1520	II 81
— Von den Juden. Wittenberg 1543	XI 31
— Münchkalb 1523	XII 21
— Neu Testament. Augsburg 1523	VII 14
— 23. Psalm. Wittenberg 1536	A 348

Standort

Luther, Martin. Von Wucher.
Wittenberg 1524 ... II 82

M

Maino, Jason de. Repertorium.
Lyon 1533 ... IX 30
Maldura. In vitam S. Rochi.
Mainz um 1494 ... III 7
Margaritha. Jüdisch Glaube.
Augsburg 1530 ... XI 40, 41, 53
Matthiolus. Discorsi. Venedig
1555 ... III 118
Maximilians Triumphzug ... I 31; X 88
Meder f. Quadragesimale
Megenberg. Buch der Natur.
Augsburg 1478 ... A 301
Meinrats-Legende. Nürnberg, H.
Mayr um 1495 ... IX 9
— Basel, Furter 1496 ... A 220
Meisterlin, Sigm. Chronik. Augs-
burg 1522 ... II 3; A 847
Melusine. Augsburg, Bämler
1474 ... A 113, 115,
Mer des histoires. Paris 1488 A 851 [116
Millaeus. Praxis criminalis. Paris
1541 ... IV 21, 61, 62
Missae christianorum. (Dresden?)
1524 ... A 351
Molitoris, Ulr. De laniis. Straß-
burg, Pryß um 1490 ... IV 26; A 388 —392
— — Reutlingen ... A 391
Montevilla. Reise. Augsburg,
Sorg 1481 ... VI 44, 56
— — Straßburg, Prüß 1488 I 9, 10
Münster. Kosmographie. Basel
1550 ... A 849
Murner, Thom. Geuchmatt. Basel
1519 ... A 251, 305
— Logia memorativa. Straß-
burg 1509 ... VII 40; A 621—623
— Lutherischer Narr. Straßburg
1522 ... I 34; VI 115; IX 32; A 356, 604, 605

Standort

Murner, Thom. Narrenbeschwö-
rung. Straßburg 1518 ... III 78; VI 101
— Schelmenzunft. Straßburg
1512 ... I 54
—Schelmenzunft. Straßburg 1516 A 595
Musculus. Hosen Teuffel. Frankfurt a. O. um 1555 ... XII 53

O

Opusculum quintupartitum.
Gouda 1486 ... IX 43

P

Paracelsus. Opus chirurgicum.
Frankfurt 1566 ... III 88
Passional f. Heiligenleben
Pauli. Schimpf und Ernst. Straß-
burg 1533 ... II 98; III 3; V 136; XII 35; A 245, 246, 432, 609—611
Paulus de Castro. Commentarii.
Venedig 1525 ... VII 32
Pelbartus. Pomerium. Augsburg
1502 ... VII 16
Petrarka. Trostspiegel. Augs-
burg 1532 ... I 38, 39; II 21,50,52,65, 68; III 45; IV 15,22,24, 43,71; V 48, 49; VI 28— 31,112; VIII 37,38; IX 56; X 25,26,62; A 253, 254, 259 — 282, 425,599,613 698,881,883 907
— f. auch Steinmeyer
Pfefferkorn. Judenfeind. Augs-
burg 1509 ... XI 52
Phries, L. Wildbäder. Straßburg
1519 ... III 51

	Standort
Phries, L., Spiegel der artzney. Straßburg 1529	III 99; A 306
Pinter, Ulr. Rosenkranz Mariä. Nürnberg 1505	V 114
Platina. Essen und Trinken. Augsburg 1542.	A 578
— Speisen und Gerichte. Augsburg 1530	A 573
Plenarium s. Evangelienbuch	
Plinius. Epistolae. Venedig 1519	VII 11
Pontus und Sidonia. Straßburg 1509	A 592
— Straßburg 1539	A 756
Porzelius, E. Kurioser Spiegel 1689	II 127; V 118; VIII 66, 67; A 296; B 1160—63
Practic auf das Jahr 1492	VII 82
— s. auch Leimbach	
Praspergius. Choralis musica. Basel 1504	A 554
Q	
Quadragesimale novum. Basel 1495	VIII 12; A 596
R	
Rechnung auf Kaufmannschaft. Pforzheim 1508	II 37, 79
— Kolbergers s. Folz	
Recht, päpstliches und kaiserliches. Leipzig 1517	IV 53
Regiment der jungen Kinder. Augsburg 1497	V 120
Reiff, W., Lustgarten. 1546	A 166, 176
Reisch, Gregor. Margarita. Straßburg 1504.	V 12; VII 41—45, 83
— Margarita. Straßburg 1508 (1512).	IX 34; XI 23
Reitterius. Mortilogus. Augsburg 1508.	III 148; X 42; A 446
Neußner. Pandora. Basel 1578	III 104
Revelationes Brigittae s. Brigitta	
Richenthal, Ullrich von s. Concilium	
Riese, Adam. Rechenung. Leipzig 1550..	IX 85
— Rechenbuch. Frankfurt 1574	II 58
Ringbüchlein. Augsburg, H.Sittich 1510 ..	A 111, 112
Rodericus Zamorensis. Spiegel. Augsburg, G. Zainer um 1477	II 22
— Spiegel. Augsburg, Bämler 1479	III 14; IV 55, 56, 68, 69; VI 7, 12, 14; VIII 8, 9, 19; IX 6, 7, 12, 41, 42; X 10; A 127—132, 815
— Augsburg, Berger 1488	VII 38, 39
Rößlin, Euchar. Rosengarten. Straßburg 1513	V 3; VII 100
Roswitha s. Hrosvita	
Rottweilsch Hofgericht. Frankfurt 1536	IV 39
Rudimentum novitiorum. Lübeck 1475	I 17; III 17; VII 4—9; VIII 6; IX 3, 4; A 138,733
Rueff, Jac. Hebammenbuch. Zürich 1554	V 11
Rupprecht's Legende. Oppenheim 1524	IX 45
S	
Sabina-Legende. Lübeck 1507 ..	A 135
Sachs, Hans. Beschreibung der Stände. Frankfurt 1568.. ...	II 25, 26; III 71, 86; IV 73; VI 92, 93; VIII 47—58; X 75; XI 19, 20; A 684—695, 822, 823
—Scheinwerk der Geistlichen 1524	VIII 121

	Standort
Sartorius, Herm. Befehl und Ordnung. D. D. u. J.	VIII 101
Schachbuch f. Stephan	
Schatzbehalter. Nürnberg 1491	A 333, 337, 369,370,727
Schedels Chronik. Nürnberg 1493	III 147; XI 15, 16; A 334, 340, 548, 844
Scherer, Georg. Abcontrafehung. Ingolstadt 1588	XII 24
Schott. Leben Jesu. 1508.. ..	VII 36; A 371
Schrick, M. Ußgebrennte Wasser. Straßburg 1519	III 97
Schylhans. Wundarzneikunst. Straßburg 1517	III 4
Selen Trost. Augsburg 1478 ..	II 78; IV 4; V 54
Selen Wurzgarten. Ulm 1483 ..	XI 42
Sermon vom Pawren. (Nürnberg) um 1525	IV 81
Sigismunda f. Aretinus	
Simon Ermordung. Trient 1475	XI 12,13,21, 22; A 133
Soldatenbuch. Frankfurt 1610	I 65, 66
Solms. Kriegsbuch 1559	I 36, 72
Spiegel menschlicher Behaltniß. Basel 1476	II 59; IV 38; VI 3,4; X 13; A 114, 117, 118,119,157
Stamler. Dialogus. Augsburg 1508	VII 91
Steinhöwel f. Boccaccio	
Steinmeyer, Vinc. Neue Figuren Frankfurt 1620	V 14, 15, 38, 50, 51, 108; VII 52, 53
Stephan. Boek van dem Schatspele. Lübeck um 1490	II 77; III 9; VI 5; VIII 13; A 136, 731, 732
Sternberch f. Juden	

	Standort
Stöffler. Kalendarium. Oppenheim 1518.	VIII 30; A 177, 180, 181, 248
Stör, L. Geometria und Perspectiva 1567	A 439
Stumpf, Joh. Eydgenossenschaft Chronik 1586	A 292
— Schweizerchronik. Zürich 1548	I 8, 55; II 155; IV 107; VI 38, 39, 123; X 1; A 753, 848, 904
Syß, A. Aderlassen. Landshut 1520	III 42

T

Tengler, Ulr. Laienspiegel. Mainz 1508	IV 19, 60, 109
— — Augsburg 1509	XI 9
— — Straßburg 1510	IV 87
Terentius. Eunuchus. Ulm 1486	A 855
— Komödien. Straßburg 1496	IX 57; A 313, 314
Testament Altes. Zürich 1527 (Initiale)	XII S. 6
Tollat, Joh. Arzneibüchlein. Augsburg. 1502	III 13
— Augsburg 1530	III 98
— Margarita medicinae. Augsburg 1514	A 308
Trachtenbuch, Deutsches, um 1600 .	VIII 95, 96; XII 30; A 288—290
— f. auch Sachs und Weigel.	
Tractatus doctorum. Mailand 1523..	III 24
Trojas Zerstörung, f. Columna.	
Turrecremata. Meditationes ..	A 338

U

Unterweisung für Chirurgen. Augsburg 1515	III 32

B

Standort

Vegetius. Von der Ritterschaft. Augsburg 1529 .. .. — A 856, 857

Vergilius, P. Maro. Opera. Straßburg 1502 .. .. .. — I 7; II 7, 18, 55; VI 18—23; X 32; A 149—156, 597,787,859 860, 862

— Polydorus. Von den Erfindern. Augsburg 1537 .. .. — VI 37; VIII 20

Verfor, Joh. Quaestiones. Köln 1497 .. .. — VII 33

Vesalius, A. Anatomie. Basel 1542 .. .. — III 77

Vindler. Buch der Tugend. Augsburg, Blaubirer 1486. .. .. — X 39; A 393, 394

W

Weigel, Hans. Trachtenbuch. Nürnberg 1577 .. .. — II 74, 95; VIII 97

Weiskunig. (Augsburg 1514.) .. — I 45; VIII 27, 28; IX 37, 58; A 730, 818

Wibebrand. Carmen heroicum. Erfurt 1578 .. .. — IX 77

d) Bücher mit Kupfern

A

Arzneibuch, Preuß.-Brandenburg. Erfurt 1734 .. .. — III 85

B

Beringer. Lithographia Wirceburgensis 1726 .. .. — IX 108

Besler, B. Continuatio rariorum. Nürnberg 1622 .. .. — VII 113

Bodenschatz. Verfassung der Juden. Erlangen 1748.. .. .. — XI 92

Bry, de. Emblemata saecularia 1596.. .. .. — B 1055—57

Bry, de. Venus Batava 1618 .. — VI 83; B 1054

— Weltliche Kunststücke 1611 .. — B 1053

C

Carpzovius, B. Leipzig 1680 .. — IX 66

Comenius. Vorpforte 1678. .. — IX 94

D

Doppelmayr. Von Nürnbergischen Mathematicis 1730 .. .. .. — VIII 35

F

Fabricius. Opera observationum. Frankfurt 1646 .. .. — III 105

Fleming, von. Der Teutsche Soldat 1726.. .. .. — I 120, 122, 123, 133; IV 127

G

Gellius, Aulus. Noctes atticae. Amsterdam 1651.. .. .. .. — VII 106

Geschlecht Buch der Stadt Nürnberg 1610. .. .. — II 38, 39, 40, [43

Gottfried, J. Historische Chronika. Frankfurt 1632 .. .. .. — III 67; VII 107; XI 35;

Grimmelshausen. Simplicissimus. Nürnberg 1684 .. .. — [A 294 I 95; IX 63; X 94; XI 56; A 402; B 1244—47

H

Hamelmann. Oldenburgische Chronik 1599.. .. .. — VII 92

Hardmeyer. Soldatenspiegel Zürich 1703 . .. . — IV 125

Hoffmann, Joh. M. Florae Altdorfinae 1676 .. .. — VII 105

K

Kellner. Gebräuche in Nürnberg — V 95, 106; IX 91, 92

Kiefer, E. Todentanz. Um 1600 — IV 74; VII 94

Kirchner, P. C. Jüdisches Ceremoniell. Nürnberg 1726 . .. — XI 89—91; B,1185—93

	Standort
Kramer, Joh. Nürnberger Kleider Trachten 1669	IX 90; B 1239
L	
Löhneyß, G. E. Von der Reuterey. Remlingen 1624	B 1536
M	
Manuale des Württembergischen Regiments 1735	I 119
Martini. Plan von Luzern 1597	IV 115
Meißner, David. Polit. Schatzkästlein 1624	III 79; VII 103, 104; XI 74; B 1345—48
Meterenus, A. E. Historia Belgica 1598	II 107
Michaelis, Joh. Opera medico-chirurgica 1688	III 81
Monath, P. C. Kleidungsarten aus Nürnberg. Um 1770 ..	V 127, 128
Museum Fr. Calceolarii. Verona 1622	VII 122
N	
Nürnberger Kleidertrachten 1689 — f. a. Kellner, Kramer, Monath, Tyroff.	B 1237
R	
Reformation der Stadt Frankfurt a. M. 1668	III 115
Richter, C. Soldatenleben 1642	I 86, 87; VI 90; X 91
S	
Sächsisches Haus- und Wirtschaftsbuch. Leipzig 1704. ..	VI 36
Savary, J. Vollkommener Kaufmann. Genf 1676	II 112
Schudt. Jüdische Merkwürdigkeiten 1717	XI 88
Schweizerisches Trachtenkabinet. Augsburg 1750	B 1085
Semler, J. S. Indische Handlungsgesellschaft 1764.	II 113
	Standort
Sessa. Unser Verkehr. Berlin 1814..	XI 100—103
Sibmacher, Hans. New Model-buch 1604.	B 1154
Simplicissimus, f. Grimmelshausen.	
Sittewaldt, Philander von. Gesichte. Um 1650..	I 101
Stahl, G. E. Ars sanandi. Offenbach 1730	III 114
T	
Thiemen, J. Eh. Haus-, Feld- und Wunderbuch 1682	III 113
Tyroff, David. Trachtenbuch. Nürnberg 1766	XI 78, 79; XII 32
U	
Urbinos, Urb. Kabinetskalender. Nürnberg 1688	X 101
V	
Valentin, M. B. Kräuterbuch. Frankfurt 1719	III 126
Vita Corneliana. Um 1630. ..	IX 75; B 1125—32
W	
Wallhausen, J. J. von. Defensio patriae. Frankfurt 1621 . ..	I 88
— Ritterkunst. Frankfurt 1616	I 92, 94
Weigel, Christ. Die Hauptstände. Regensburg 1698.	VIII 81—87; IX 95, 96; XII 84
Weiße. Kinderfreund. Um 1800	X 104
Westphalen, E. J. von. Monumenta. Leipzig 1639	B 1074—80
Würsel, Andreas. Judengemeinde. Nürnberg 1755	XI 81
Z	
Zinkgreff, J. W. Emblemata. Frankfurt 1614	II 45; V 36; A 835—837
Zurlauben. Tableaux topographiques. Bern 1780.	IV 118

VI. Handschriften, Federzeichnungen und Miniaturen

	Standort
Ulfilas Bibel um 380	VII 3
Pflanzen aus dem Codex neapolitanus um 700	III 72
Runenschrift aus dem 8. Jahrh.	VII 2
König David in angelsächsischer Auffassung aus dem 8. Jahrh.	X 2
Karl und Pipin um 830.	IX 5
Sänger aus der Raedmons-Handschrift 10. Jahrh.	X 3
Merseburger Zauberspruch 10. Jahrh.	III 2
Psalterium des hl. Leopold 12. Jahrh.	X 4
Juden-Eidformel um 1200	XI 10
Feuerprobe der Kaiserin Kunegunde. Anfang 13. Jahrh. ..	IV Beil. 3
Manessische Liederhandschrift 13. Jahrh.	II Beil. 1; VI Beil. 1; IX Beil. 1; X Beil. 1; XI Beil. 1
Heidelberger Sachsenspiegel 13. Jahrh.	IV 11, 23, 27, 30, 36; VIII 4, 5; XI 3, 4
Welislawsche Bilderbibel 14. Jahrh.	X 5
Schuldquittung 1386	XI 18
Westfälischer Fembrief 1439. ..	IV 44
Jahrmarktsbude 1441	X 28
Belagerungsmaschine um 1460 ..	I Beil. 2
Mittelalterliches Hausbuch um 1470..	I 4; IV 10; VI 72, 96; X 20, 29
Codex picturatus des Balth. Behem um 1480..	II Beil. 2, 3; VIII Beil. 1, 2
Schillings Schweizerchronik 1484	I Beil. 1, 3; II 29; IV

	Standort
Schillings Schweizerchronik 1484	Beil. 2, 4, 5, 12, 13; VI Beil. 2, 3, 5
Bauerntanz und sturnier um 1485	VI 80 81
Hamburger Stadtrecht 1497 ..	II Beil. 4; IV Beil. 9; VI Beil. 4
Nürnberger Handwerksbücher des 15. und 16. Jahrh.	VIII Beil. 3, 4, 5, 6
Schmähbrief des Paul Rauber um 1500	IV Beil. 8
Horoskop 1510..	V 13
Dürers Randzeichnungen 1515..	III 69; X 48
Würzburger Gerichtssitzung 1520	IV Beil. 11
Nürnberger Bader um 1520 ..	III 87
Münzers Aufruf gegen die Papisten 1521	A 361
Plünderung eines Klosters um 1525	VI 121
Nürnberger Lehrvertrag 1533 ..	II Beil. 5
Schembartbuch um 1540	VIII Beil. 12
Der Schönbart..	V Beil. 5
Regierung der Reichsstadt Augsburg 1545	VIII Beil. 7
Schwertertanz und Fechtspiel um 1550..	A 711
Nürnberger Lehrbrief 1576.. ..	VIII 59
Magd mit Körben um 1580 ..	A 584
Strafe des Riemenschneidens 1581..	IV 114
Meistersinger und Merker um 1600..	VIII 119
Leipziger Häscher und Studenten 1674..	IX 71, 72
Leipziger Lehrbrief 1699	II 114
Autograph von Boerhaave 1710	III 130
Leipziger Tischler-Lehrbrief 1714	VIII Beil. 8
Tierhetze in Wien 1722	X Beil. 2
Ein ärztliches Rezept 1722	III 116
Szenen aus dem Studentenleben um 1730..	IX Beil 5-11
Autograph von Hufeland 1785..	III 134

	Standort		Standort
Lager der kaiserlichen Truppen im Breisgau 1795	I Beil. 6	Diez, Julius. Titelblatt zu Band	IX
Egerländer Bauern im 18. Jahrh.	VI Beil. 7	Engels, Robert. Titelblatt zu Band	VII, VIII, XI
Erfurter Synagoge..	XI 24	Hupp, Otto. Titelblatt zu Band	XII
Lübecker Schutzjude um 1830 ..	XI Beil. 3	Lippisch, Franz. Titelblatt zu Band	II
Cissarz, J. V. Titelblätter zu Monographien Band..	I, III, IV	Orlik, Emil. Titelblatt zu Band	X
		Pankof, Bernh. Titelblatt zu Band	V
		Thoma, Hans. Titelblatt zu Band	VI

VII. Verschiedenes

Etruskische Faustkämpfer. Bronzerelief..	X 6	Mittelalterliches Blockgefängnis .	IV 100
Römische Gladiatoren. Graburne	X 7	Stempel aufrührerischer Bauern um 1530.	VI 117
Marc Aurel-Säule	IV Beil. 1	Ölporträt des Paracelsus um 1540..	VII 2
Merowinger Tongefäße.. ..	VIII 3	Porträtmedaille um 1605	III 84
Burgundische Schnallen. Merowingerzeit.	VIII 2	Nürnberger Patenpfennig 1612 .	V 22
Tonpuppen 14. Jahrh.	V 61	Waisenhaus zu Enkhuizen 1616.	IX Beil. 3
Siegel mit dem hl. Stephanus 14. Jahrh.	XI 2	Ölgemälde von Jan Steen.. ..	V Beil. 6
Siegel von Handwerkerinnungen 1442..	VIII 46	— von Franz van der Meulen ..	X Beil. 4
Handelsmarken des 15. und 16. Jahrh.	II 62	— von Peter Breughel..	V Beil. 3
		Begraben eines Farren 1796 (Lithographie).	IV 122
		Silhouette zweier Prinzen 1802 .	V 70

VIII. Verzeichnis der Abbildungen nach kulturgeschichtlichen Gesichtspunkten

Abendmahl XII 23

Aberglaube IV 122; VII 107; A 405, 413; B 1180; vgl. Betrüger

Ablaß A 330, 341, 343

Achterklärung IV 37; A 366

Adam III 73; A 157

Adel II Beil. 8; B 1211, 1213; vgl. Junker, Ritter, Höfling

Aderlaß III 39—42, Beil. 2; VII 83

Adler A 837; B 1401

Advokat IV 73, 74, 79, 88, 91, 141; B 1170, 1294; vgl. Rechtsgelehrter

Affe X 22

Affenmensch X 116

Ähre VI 89

Akrobat f. Gaukler

Alchimist VII 24, 96, 97; A 279; B 1205

Allegorie II 12, 31; XII 5, 92, 101; A 434, 589—591, 620, 675, 680, 682; B 925, 1014, 1258; vgl. Scherzbilder

Alphabet IX 49, 82; A 423; B 1096

Alraun III 72

Altar A 96; vgl. Trauung, Kirche

Amme V 20, 29; A 113; B 1667

Amor VII 62

Amoretten II 119; V 43, 133,

142, 143; IX 82; XII 17;
A 401; B 1037, 1588,
1607

Amputation f. Chirurgie

Anatomie III 27, 77, 109, 110;
IX 109

Anlage IV 40; vgl. Richter,
Gericht

Antichrist A 334

Antiquitätensammler B 1693,
1700; vgl. Kunstkammer,
Münzsammler

Antonius, St. III 61; VII 18;
A 106, 385, 395

Apoll III 75; VII 62

Apotheke III 9, 28, 30, 81, 82,
115, 135

Aquino, Thomas IX 10, 13, 44

Archidiakon IX 6, 7

Aristoteles A 26, 27, 467—470,
496, 628

Armarium f. Bücherpult

Armbrust VII 23, 40; VIII 87,
Beil. 2; A 332, 499, 712,
825, 859; B 978, 1306; vgl.
Preisschießen

Artillerie f. Feuerwaffen

Artushof II 70

Arzneibüchse III 83; vgl. Konfektschachtel, Apotheke

Arzt III 4, 10, 20, 22, 23, 28,
33, 68, 71, 114, 133, 136,
Beil. 3; V 135; VII 22, 34,
35, 46, 100; IX 20, 28;
XI 43, 44; A 229, 280, 301,
302, 308; B 1158, 1160,
1642, 1698; vgl. Aderlaß,
Apotheke, Augen, Chirurgie,
Harnbeschauen, Pest, Quacksalber, Theriak, Zahnbrecher

Astronomie VII 44, 94, 95, 123;
A 422, 431

Athlet f. Gaukler

Aufschneidemesser B 1110; vgl.
Lügenglocke

Augenkrankheit III 94, 95; vgl.
Blenden, Blinde

Augsburger Konfession XII 60;
B 1419

Ausdärmen IV Beil. 13; B 1196

Aussatz III 42, 59, 60

Ausweisung XI 37, 65, 66;
XII 57; B 924

Auszug f. Umzug

Bacchus VII 62; A 606, 607,
665; B 1117

Bäcker VI 21; VII 29; VIII 31,
58, 89; B 1084, 1322, 1328

Badewesen III 51, 53—58, 100;
V 2, 4, 7, 9—12, 31, 42,
108, 113; IX 98, 107; X 29;
XI 25, 33, 40; A 227, 335,
399, 630; B 1056

Bahrprobe IV Beil. 4

Ballett f. Tanz

Ballspiel V 84, 86; IX 25,
Beil. 11; A 549,698; B 1123,
1126

Bankett f. Mahl

Bankier f. Geldwesen

Bär X 30, 113; A 801;
B 1024, 1027, 1064, 1305,
1495

Barbier I 122; III 86, 87, 122;
VIII 69, 129; A 763; vgl.
Aderlaß, Schröpfen, Bade-
wesen

Bartmode B 1148

Basilisk A 781

Baßgeige III 75; A 555, 693

Bauer I 38, 81, 93, 95, 161;
IV 81, 89; VI 2—4, 40, 41,
61, 92, 97, 104, 116, 118,
119, 138, Beil. 1; VIII 96;
X 15; XI 7, 8, 99; XII 5,
37, 102; A 29, 34, 124, 146,
147, 149—156, 162, 174—
200, 202, 206, 208, 214, 218,
222, 223, 230, 231, 248, 261,
284, 427, 505—508, 512,
515, 516, 586, 605, 633, 634,
644; B 923, 974, 978—993,
998, 1001, 1007—1009,

1069—1076, 1078—1080,
1174, 1175, 1249, 1318,
1729; vgl. Ernte, Säen, Monatsbilder

Bauernregeln VI 48

Beerdigung f. Begräbnis

Befestigung f. Festung

Begräbnis I 165; V 141; XII
97; A 122, 396; B 1179,
1447—1449, 1462, 1528,
1758; vgl. Trauerkleidung,
Totengräber

Beichte A 245

Belagerung I 7, 17, 46, 47, 55,
56, 103—106, 109—111,
Beil. 1 u. 2; VI 124; A 855—
864, 901—906; B 936—946

Belustigungen f. Kinderspiele

Bergwerk B 1341, 1342, 1468

Bestechung IV 55, 56

Betrüger X 65, 96; XI 60;
B 1214

Bett II 67; III 11, 21—23, 33,
48, 113, 114, 127, 136, 148;
IV 136; V 2, 4, 6—12, 14,
16, 19, 24, 48, 135; VIII 34;
XI 88, 99; XII 25, 26, 85;
A 80, 81, 99, 113, 116, 121,
135, 227—229, 265, 266,
280, 308, 310; B 990, 1042,
1043, 1045, 1185, 1208,
1233, 1647—1649, 1666,
1691, 1710; vgl. Pritsche

Bettler II 72; V 35, 129; IX 90;
X 11, 16, 23, 56, 57, 60,
62, 63; A 545; B 994—996,
1002—1004, 1048, 1696,
1717; vgl. Krüppel

Beute f. Plünderung, Landstreicher

Bibliothek VII 108, 109, 111,
118—121; B 1252, 1253,
1256, 1265, 1685; vgl. Bücherpult

Bienen VI 29; A 151; B 1722

Bierbrauer A 690; B 1155;
vgl. Trinken

Bilderbogen V Beil. 4
Bilderhändler B 1746, 1756
Bildhauer A 422, 425, 427, 428, 431, 688, 700
Billard IX Beil. 11; B 1633
Blasenstein III 88, 121
Bleisoldaten V 70
Blenden IV 115
Blinde X 23, 24; B 1348
Blindekuh B 1675
Blocksberg s. Hexen
Bogen s. Armbrust
Bomben B 948
Börse II 134
Borussia III 85
Botanischer Garten s. Kräuterwesen
Bote II 59—61; IV 129, 131; A 732; vgl. Postbote
Böttcher VIII 21, 30, 122
Brautpaar s. Heiratsantrag, Hochzeit
Brieftaube I 9, 10
Brille III 46, 47
Brücke I 70, 139; IX 62; XI 37; A 340, 541, 793, 794; B 937, 988, 1073, 1250, 1285, 1351, 1496, 1520, 1535
Brunnen II 59; V 38; VI 35; X 35; A 14, 30, 36, 38, 39, 52, 178, 475, 648; B 1156, 1531, 1716, 1729, 1748; vgl. Springbrunnen
Brütofen VI 44
Buchbinder A 686; B 1163
Buchdrucker A 291—295; B 1651
Bücherpult (-brett, -regal) VII 4—7, 10—16, 23, 49, 52—56, 66, 70, 82, 92, 99, 102, 104, 112, 114, 125; IX 32, 34, 44—46, 56, 79; XII 94; A 300, 302, 304, 305, 551; vgl. Bibliothek
Buntschuh VI 101, 112, 114
Burg A 793, 898—901, 903, 904; B 939, 1346, 1355, 1357; vgl. Schloß, Festung, Belagerung

Bürgerwehr I 145, 147, 175; A 761
Bürstenbinder VIII 105, 106
Buttern A 175

Calvinisten XII 42, 48
Chirurgie I 19, 56, 58; III 14, 32, 34—37, 88—92, 102, 106; XII 27; A 307, 515, 886—888; B 1049
Chorrock XII 31
Christus V Beil. 2; VII 36; VIII 16; XI 52; A 69, 70, 108, 329, 335, 342, 351, 358, 370, 371; B 1233
Chrysostomus A 782
Coloman IX 26
Cosmas und Damian III 4
Credit II 86; B 1108; vgl. Geldwesen

Dachdecker VIII 81
Dachsgraben A 827
Dambrett s. Schach
Damenkarussell B 1469, 1548—1550
Dedikation VII 60, 100
Deichbruch VI 127
Dekoration s. Festschmuck
Deserteure I 86; vgl. Landstreicher
Destillierapparate III 31, 96, 97, 107, 123; VII 96
Diebe IV 14; XI 72, 85—87; A 233; B 1213; vgl. Strafen
Dienstmädchen s. Mägde
Dionysius, St. III 6
Dorf II 7, 50, 55, 100; VI 2, 3, 6, 18, 28, 34—37, 141—144; A 178; B 1384; vgl. Bauern, Landschaft
Dorothea A 105
Drache A 62, 784
Drahtzieher VIII Beil. 5
Drechsler VIII 77, 127, Beil. 9

Drehleier X 74, 78; A 563; B 1599
Dreschflegel VI 47, 100, 103, 154; A 123, 181, 192, 682
Dromedar X 111
Dudelsackpfeifer II Beil. 2; VI 76, 77, 81, 82; VIII 72; X 18, 21, 37, 46, 48—50, 80, 82; A 14, 33, 51, 145, 153, 170, 187, 191, 193, 198, 507, 606, 653; B 1038, 1049, 1236

Edelmann s. Adel, Ritter, Junker
Edelsteine II 23, 57; vgl. Goldschmied [XI 76, 77
Edikte I 89; VIII 131; X 67; A 167, 678
Egge VI 18, 22, 30, Beil. 3; A 167, 678
Ehescheidung XI 91; A 278
Ehrenpforte XII 83
Eid IV 4, 6, 8, 23, 24, 27; VII 88; XI 9, 10; A 249, 251, 375, 909; B 1199
Eier V 95; VI 16, 57, 83, 97, 98; A 199, 239, 466, 489; B 1072, 1733
Einholung A 52, 765; B 1273—1285, 1397, 1398, 1412, 1422—1424, 1429, 1454, 1459, 1463, 1471, 1757; vgl. Umzug, Huldigung
Einmauern IV 113
Einquartierung I 148, 149, 172
Einsiedler IX 63
Eisenbahn II 139
Eisenbeißer I 54, 73
Eislauf B 984, 986, 1336, 1539, 1586, 1591, 1613, 1731; vgl. Schlitten
Elephant X 112, 113
Engel s. Amoretten
Enten VI 44, 87; A 837; vgl. Wasservögel
Enthauptung s. Todesstrafe
Erbschaft A 379; vgl. Testament, Vormund

Erholung D 1035, 1039; vgl.
Garten
Ernte VI 31, 46, 50, 148, 150,
151, 155, 164; D 1073, 1081,
1671; vgl. Monatsbilder
Erstürmung f. Belagerung
Ertränken IV 28, 111, 112
Esel II 16, 19; V 116; VI 26,
93; IX 39—41, 80; X 49,
56; A 222, 223, 344, 661,
666, 675, 680; B 1098, 1120,
1137
Eule A 620, 639, 646; B 1182,
1482, 1483
Eulenspiegel VI 137; VII 51;
X 49

Fackeltanz A 729, 1410, 1458
Fackelzug IX Beil. 7, 10
Fahnenträger I 48, 49; VI 101,
114, 115, 120, 125, 126, 861,
870, 874, 877, 909
Falke A 65, 66, 71, 474, 779,
805, 813, 820, 829; B 1494
Familienleben I 164; V 46;
B 1655, 1664, 1666, 1667,
1707; vgl. Kinderstube
Fasching A 665, 730; B 1015,
1077, 1190, 1544, 1589
Faß B 1268, 1269; vgl. Wein
Faulenzer B 1622
Faust VII 78, 79, Beil. 1
Faustkämpfer X 6
Fechtübung I 27; VIII 98; IX
73, 74; X 10, 83—85; A 57,
58, 60, 104, 700, 701, 706—
708, 711, 719, 882, 889—
891; vgl. Zweikampf
Fehdebrief IV Beil. 6 u. 7
Feier f. Festschmuck, Volksfest
Feigenbaum III 76
Feilenhauer VIII 93
Feldarzt f. Chirurgie
Feldlager f. Lager
Fembrief IV 44
Fest f. Volksfest
Festmahl f. Mahl

Festschmuck B 1366, 1450
Festung I 69, 103, 106, 117,
152; II 32; A 844—852;
B 1271, 1274, 1376; vgl. Be-
lagerung, Burg, Schloß
Feuersbrunst I 56, 109, 110;
II 41; V 89, 97; VI 73;
XI 17, 93; A 103, 247, 254,
259, 842, 863, 901; B 938,
944, 1367—1370
Feuerprobe IV Beil. 3
Feuerwaffen I 8, 17, 30, 45,
47, 59, 66, 67, 71, 72, 78,
104, 136, 140, 141, 144, 165,
Beil. 1 u. 4; VIII 23, 88;
A 712, 790, 858—864, 869,
875; B 917, 950, 951, 1558,
1723; vgl. Belagerung, Preis-
schießen, Stückschießen
Feuerwerk B 1286—1293, 1465,
1466, 1468, 1540
Findelkinder f. Waisenhaus
Fischerstechen B 1338—1340
Fischfang VIII 25; X 22; A
159—161, 220, 260, 273,
810, 835, 841; B 988, 1029,
1030, 1034, 1343, 1480,
1595, 1631, 1697, 1728,
1737, 1745
Flaschner VIII Beil. 5
Fleischer VIII 12, 42, 107, 108,
110, 114, 123; B 987, 1162;
vgl. Wurst
Florian A 247
Floß B 1635, 1736
Flötenbläser X 20, 47; A 10,
548, 559, 566, 689, 894;
B 1064, 1600, 1602, 1609
Folter IV 25, 41, 59—67;
XI 12, Beil. 2; A 373, 374,
376, 381, 383; vgl. Strafen
Formschneider A 687
Formularbuch IV 135
Frachtbrief II 110
Frauen I 90; II 104; III 122;
IV 119; V 3, 60; VI 61, 62;
VII 99, 100; VIII 97; IX 16,

18, 19, 75, 80; X 16, 23,
54, 65; XI 47, 50, 79, 81,
97, 99; A 12, 13, 37, 48,
86, 88—91, 118, 190, 200,
203, 239, 240, 254, 258, 275,
289, 290, 311, 391, 397, 428,
450, 453—456, 462, 465,
486, 488, 489, 494, 497, 498,
503, 551, 571, 580—591,
596, 620, 624—636, 673,
674, 676—683, 738, 740,
741; B 999, 1000, 1007—
1009, 1048, 1072, 1074—
1076, 1078—1080, 1095—
1105, 1114, 1125, 1129—
1132, 1145—1147, 1150,
1153, 1154, 1161, 1167,
1209, 1211, 1219, 1493,
1567, 1568, 1570, 1572,
1583, 1584, 1588, 1636,
1637, 1639, 1641, 1657,
1714, 1735, 1751; vgl. Liebe,
Landsknechtweiber, Mutter,
Aristoteles, Damenkarussell,
Mägde
Friseur B 1584; vgl. Perücke
Fromme V 15, 54, 55; XI 52,
94; A 77, 104, 241, 582;
B 1005; vgl. Gebet
Fruchtbringende Gesellschaft VII
124
Fuchs VI 107; A 778, 808;
B 1304, 1473, 1486
Fuhrmann II 95, 127; vgl. Kutscher, Wagen
Fürsprecher f. Advokat
Fürst XII 59; A 285, 592,
722, 727, 728, 754, 755,
758; B 1177; vgl. Kaiser,
König
Fußkünstler IX 53; X 117

Gans VI 55, 87, 160, 161;
XI 15; A 173, 200, 360;
B 1734
Garten B 1208, 1298, 1299,
1360, 1362, 1363, 1497,

1499—1519, 1533—1535, 1545—1547, 1600, 1610, 1620, 1675, 1600, 1692, 1716; vgl. Kräuterwesen

Gassenlaufen I 44, 116, 118; IV 143

Gastwirt A 136; vgl. Wirtshaus

Gaukler X 8, 9, 25, 106—109, Beil. 5; A 60, 61, 76; vgl. Seiltänzer, Taschenspieler

Gebet V 53; XII 99; A 331; vgl. Fromme

Gebote, zehn XII 14

Geburt f. Wochenstube

Gefangene I 86, 157; II 48; IV 9, 13, 15, 19—22, 38, 97, 99, 100, 137, 138; VI 113, 129; XI 72; A 264, 372; B 1193, 1204, 1206, 1209—1211, 1213; vgl. Kar-zer, Stockgefangene

Geige V 126; X 46, 82, Beil. 1; XI 62; A 426, 483, 514, 693; B 983, 1191, 1242, 1243, 1247, 1629

Geißler X 40

Geiz A 643, 663

Geldwesen II 9, 56, 57, 65, 73, 77—81, 83, 90—94, 101—103, 106, 108, 115, 116, 121, 135, Beil. 9; VIII 28; XI 5—8, 20, 30, 34, 54, 55, 75; A 238, 256; B 913, 915, 922, 953, 1111—1113; vgl. Credit, Kurszettel

Gelehrte IV 82; VII 21, 25, 39, 67, 91, 101, 106; IX 12, 37, 102; XI 23, 42, 53; A 300, 315—328; vgl. Bü-cherpult, Ärzte, Lehrer, Uni-versitäten, Studenten

Geleitbrief IV 46; XI 64

Gemsjagd A 818

Genien f. Amoretten

Georg, St. I 50; A 62

Gerber VIII 43, 111; B 1324

Gericht IV 1, 8, 9, 16, 32, 39, 42, 45, 47, 50, 58, 82, 87, 93, Beil. 1, 2, 9 u. 11; VI 123; A 128, 269, 378, 910; B 1197, 1198, 1249; vgl. Richter, Strafen, Vormund-schaft

Gerichtsbote f. Bote

Gerichtskosten IV 57

Gesang IX 17, 50, 92, 95; X 78, 82; XII 50, 52, 104; A 550, 562; B 1038, 1600, 1679; vgl. Musik

Geschenkübergabe II 15; vgl. Dedikation, Zehnte

Geschütz f. Feuerwaffen

Geselle VIII 68, 95

Gesellenbrief VIII 60

Gespenst f. Aberglauben

Gewächshaus f. Garten

Gewehr f. Feuerwaffen

Gitarre f. Laute

Gladiatoren X 7

Glaser VIII 56, 74; B 1323

Glashütte B 1344

Gobelins B 1257, 1436

Goldmacher f. Alchimist

Goldschmied VIII 11, 15, 17, 32, 33, 51, 94

Goldwägerin A 48

Gottesdienst f. Messe, Predigt, Kirche

Gregor, St. A 351

Grönländer B 1564

Grundsteinlegung XII 67

Guajakaholz III 112

Gürtler VIII 39, Beil. IV

Güterniederlage II 43, 105

Gutsherr VI 147, 158; vgl. Ritter

Gymnasium IX 83, 93; B 1554

Habicht A 814

Hackbrett VI Beil. 2; B 1581, 1609

Häckselschneide A 230

Hafen f. Schiffe

Hagel A 412

Hahnrei B 1106

Halseisen IV 117, 121

Hampelmann V 69

Handelsmarken II 62

Handwerker VIII 1, 96, Beil. 7 u. 11; A 231; B 1568; vgl. die einzelnen Berufe

Hansahaus II 69

Hanswurst B 1065, 1227, 1228, 1230—1232; vgl. Pritscher

Harfe V 122; VIII 18; X 3, 5; A 19, 23, 78, 104, 426, 475, 554

Harnbeschauen III 4, 11—21, 29, 69, 70, 78, 79, 98; A 265, 309, 310; B 1233; vgl. Arzt

Harnischmacher f. Waffen-schmied

Hasenjagd VII 40; A 803, 806, 811, 813, 825, 836, 952, 1302

Hauptmann I 29, 34—36, 68; A 216, 865

Hausierer f. Krämer

Häuser (hervorragende) B 1280, 1359, 1373, 1395; vgl. Kran-kenhaus, Rathaus, Kaufläden, Marktwesen

Hausknecht A 288; B 1748; vgl. Stallknecht

Hausrat A 99, 148, 570; B 1012

Hebamme f. Amme

Hechel f. Spinnrad

Heiligtümer f. Reliquien

Heiratsantrag I 170; III 138; VI 102, 152; IX 119; XII 108; A 16, 35, 99; B 1638, 1699—1704

Henker f. Todesstrafe

Herd f. Kamin

Herkules VII 62; A 568, 724

Herodias A 42, 348, 377

Herrensitz VI 145; B 1361

Hetze f. Tierhetze

Hexen III 3; A 386—394, 397,

401, 402, 406, 407, 409—411, 726

Hieronymus VII 12, 71; IX 2

Hiesel I 174; IV 140; VI 159; X 92, 93; B 1215—1218

Himmel VII 20, 27; XII 1

Himmelserscheinung A 416—418, 838

Hinrichtung s. Todesstrafe

Hiob III 59

Hirsch A 767, 768, 782, 821; B 1481

Hirschjagd A 154, 769—772, 785, 787, 799, 800, 807, 811, 812, 815, 820, 828, 832; B 1028, 1216, 1302, 1474—1478, 1484, 1547

Hirt VI 12, 13; VIII Beil. 10; A 152, 170, 709

Hochzeit VI 58—60, 76, Beil. 7; X 71; XI 62, 88—90; A 197, 367, 520; B 1082, 1087, 1090, 1443, 1445, 1455, 1573—1576; vgl. Heiratsantrag, Trauung

Hoffart II Beil. 12; IX Beil. 4; XII 65; B 1100, 1143, 1146—1152, 1170—1172, 1750

Höfling A 127, 272; B 1171, 1295, 1433, 1562, 1569

Holzhauen III 112; VI 154; VII 30; vgl. Monatsbilder

Hornrichter VIII Beil. 6

Horoskop V 13

Hose XII 53; A 20

Hospital s. Krankenhaus

Hostiendiebstahl XI 17, 27, Beil. 2

Hubertus A 767, 768

Hufschmiede VIII 125; B 1332

Huhn VI 56, 134, 135; IX 36; X 55; XI 40; A 158

Huldigung B 1400, 1415—1417, 1425, 1432, 1437, 1438; vgl. Einholung

Hund A 775, 776, 780, 804, 826, 834; B 1695

Hundsschwarm B 1055; vgl. Wurmbrandt

Hutmacher VIII 79, 109, Beil. 3

Jagd s. Bär, Dachs, Gemse, Falke, Fuchs, Hase, Hirsch, Tierhetze, Wasservögel, Wildschwein

Jagdsauszug A 65, 777, 814, 824; B 1479, 1490, 1492, 1493

Jagd mit Netzen XII 12; vgl. Hirschjagd, Wachtelfang

Jäger A 217, 287, 544, 646, 656, 757, 819, 822, 823; B 1026, 1485, 1491, 1596, 1612, 1615, 1646, 1687, 1688, 1743

Jahrmarkt s. Markt

Jakob, St. I 11; A 853

Jakobsbrüder X 75; vgl. Pilger

Jason de Mayno IX 30

Ichneumon X 86

Jesuiten XII 62, 100

Illumination s. Feuerwerk

Juden XI 19, 29, 57, 78, 80, 100—103, Beil. 3; B 1183—1194, 1198, 1207, 1208, 1220

Jüngling s. Liebe, Junker

Junker IX 15; A 40, 66, 67, 74, 98, 134, 283, 447, 502, 592; vgl. Ritter, Page

Justitia I 123; III 5, 54; IV 75, 83, 142, 146, 655, 675; B 1651

Kaffee B 1640

Kaiser A 127, 695, 737, 750; B 928, 1408, 1435; vgl. Einholung, Mahl, Volksfest

Kalender II 99, 115; III Beil. 1; IV 95; VII 82; A 101, 126, 569

Kamin V 8, 135; XII 51; A 572—578, 603, 626, 627, 647, 654; B 990, 1011, 1012, 1016, 1041, 1089, 1124, 1264, 1646; vgl. Ofen

Kampf I 3, 11—14, 18, 158, 159, 174; VI 75, 110; A 733, 851—855, 877, 942, 943; vgl. Raufen, Belagerung, Zweikampf

Kanne s. Topfwaren

Kannengießer VIII 52

Kanone s. Feuerwaffen

Karikatur s. Scherzbild

Karl der Große IX 5

Karte VI 160; VIII 36; X 16, 57; XI Beil. 3; XII 47; A 640, 678; B 1184, 1334; vgl. Wappen

Kartenspiel V Beil. 5; VI 42; VIII 100; IX Beil. 11; X 8, 9, 38; A 21, 31, 32, 44, 57, 58, 60, 61, 63, 64, 72, 283, 542, 594, 597, 600, 621—638, 884, 885; B 1045, 1136, 1138, 1190, 1582, 1585, 1587, 1592, 1601, 1644, 1681

Karussellrennen s. Ringelrennen

Karzer IX 76

Käse VI 52

Katharina V 113; VII 31; A 457, 458

Kaufläden II 56, 57, 64, 109, 132, Beil. 2 u. 6; VIII 112, 113; A 422, 880; B 1373, 1396, 1528, 1637; vgl. Tuchhandel

Kaufmann II 26, 35, 36, 52, 53, 74, 75, 112, 117, 130, 131, Beil. 3; vgl. Geldwesen

Kavalier s. Adel, Junker

Kavallerie s. Reiterei

Kegelspiel V 88; VI 33, 75; A 541, 696; B 979, 1190, 1508

Kellermeister A 288

Kinderklapper V 29, 30

Kindermord, bethlehemitischer A 55

Kinderspiele V 63, 72—93; B 1036, 1046, 1623, 1672— 1677, 1711, 1712, 1719; vgl. Steckenpferd, Ballspiel, Mutwille

Kinderstube V 14, 42; A 268; B 1668, 1669, 1673—1676, 1720—1725

Kindesmörderin IV 136

Kindtaufe f. Taufe

Kipper f. Geldwesen

Kirche V Beil. 1; VIII 115; IX 98; X 28, 57, 85, 100; XI 17, 94; XII 22, 80, 97, 98; A 13, 242, 333; B 926, 1275, 1276, 1284, 1345— 1348, 1392, 1393, 1446, 1453, 1529, 1543; vgl. Predigt, Messe

Kirchhof XI 83; vgl. Begräbnis

Kirchweih VI 58, 85; B 974

Klistier III 38

Klöppeln B 1092

Knopfmacher VIII 82

Koch A 509, 572—578, 691, 734, 896; B 1016, 1162, 1329, 1624, 1741

Konfektschachtel III 50

Konfirmandenunterricht IX 116

König A 41, 52, 53, 694, 727, 753

Korbmacher VIII 80

Kornwucher II 83, 121; XI 51

Krämer II 24, 25, 138, Beil. 1; VIII 116; XI 45, 94; A 225; B 1063, 1749, 1751, 1752

Kranke f. Arzt, Chirurgie, Pest, Aussatz

Krankenbesprechung III 140

Krankenhaus III 113, 124, 125, 127, 128, 137; B 1726, 1727

Kräuterwesen III 31, 72, 74, 76, 112, 126; VI 10; VII 105; IX 112; A 312; B 1552

Kriegsschule I 120

Krönungsfestlichkeiten B 1401— 1407, 1409—1412, 1430; vgl. Einholung, Huldigung

Krüppel III 18; VI 6; X 12— 14, 39, 41, 42, 56, 58—60, 68, 73, 76, 78; A 178, 395; B 954—973, 1047; vgl. Bettler

Kugelspiel B 975, 980

Kuh f. Rind

Künste, die sieben freien IX 12

Kunstkammer B 1255

Kunstreiter V 66; X 115; B 1222

Kupferschmied VIII 37, 63, 75

Kürschner VIII 41, 91

Kurszettel II 135

Küster A 130

Kutscher B 1689; vgl. Fuhrmann, Wagen

Laboratorium f. Destillierapparate

Lagerszene I 15, 24, 60, 70, 80, 107, 108, 124, 127, 129, 163, 167, 175, Beil. 6; III 36; A 54, 56, 878, 880, 908, 912; B 1276

Landfriede IV Beil. 10

Ländliche Arbeiten f. Bauer, Ernte, Säen, Monatsbilder, Pflug, Egge

Landschaft II 4, 10, 11, 51, 122; IV 2, 3; V 39, 45; VI 140— 143; VII 1, 73, 74; IX 111; X 35; XI 1, 74; A 153, 250, 792—796; B 1349—1358

Landsknecht I 5, 6, 20—22, 25, 28—30, 33—38, 40—44, 51, 52, 57, 59, 65, 77; VIII 23, 65; X 90; XII 53; A 349, 377, 451, 493, 497, 498, 500, 544, 568, 743, 758, 761, 854, 855, 869—873, 893, 895— 897, 911; B 918, 1402, 1418; vgl. Belagerung, Plünderung, Soldaten, Troß

Landsknechtweiber I 26, 37, 41, 57, 76, 79, 91, 99, 130, 131; VIII 65; X 53, 55, 88, 89; A 212, 497, 872, 880, 896

Landstreicher I 77, 79, 84, 85, 97—99; VI 90; X 91; vgl. Gaukler

Landvogt A 129

Lastträger B 1000

Laufstuhl V 14, 36, 37; VII 50

Laute V 122; X 21; XII 51; A 10, 12, 18, 19, 23—25, 30, 78, 79, 274, 356, 475, 514, 546, 552, 553, 555, 557, 558, 560, 564, 1611

Lebensalter V 1; B 1093, 1094

Lebensrad A 102, 682

Lebkuchen VIII Beil. 6; A 339; B 1115

Lehrbrief II 114; VIII 59, Beil. 8

Lehrer V 112, 114, 115; VII 13, 19, 34, 48; IX 1, 11, 14, 15, 27, 34, 43, 49, 51, 54, 96, 107, 119, Beil. 1 u. 2; A 94; B 1653, 1730; vgl. Schule, Rechenarbeit

Lehrjunge VIII 96; vgl. Raufen

Liebe V 123; VI 61, 62, 153; VIII 138, 139; A 1—11, 14—19, 21—28, 30, 31, 43, 45, 49—51, 68, 69, 74, 83, 84, 132, 206, 207, 213, 219, 448, 464, 472, 478—481, 487, 488, 490—492, 501, 503, 504, 510—512, 558, 590, 610, 611, 751; B 1045, 1053, 1102, 1208, 1588, 1603, 1607, 1626, 1647, 1715; vgl. Frauen, Heiratsantrag, Hochzeit, Landsknechtweiber, Tanz

Liebesgarten A 9, 11, 14, 17, 36, 38, 39, 482, 485; B 1037, 1097, 1605

Lotterie B 1431, 1452

Löwe A 360, 783; B 1394; vgl. Hieronymus, Marcus

Lucas VII 15; A 70, 429, 432
Luftballon B 1753, 1755
Luftpumpe IX 113
Lügenglocke XII 13; B 1109; vgl. Aufschneidemesser
Luxus f. Hoffart

Mädchenschule IX 55
Magd XI 97; A 123, 173, 255, 583—588; B 1081—1086, 1089, 1156, 1157, 1577—1580, 1621, 1683, 1738—1742; vgl. Amme
Magdalena A 46
Magnetiseur III 139
Mähen f. Ernte
Mahl V 24, 52, 53; VIII 64; IX 22; X 32; XI 22, 27, 88, 89; XII 49, 51; A 29, 36, 38, 39, 69, 115, 188, 261, 335, 337, 348, 547, 592—594, 612, 615, 722, 727, 728, 730, 819; B 977, 1013, 1026, 1041, 1042, 1044, 1185, 1301, 1405—1407, 1413, 1414, 1436, 1439, 1440, 1443, 1464, 1504, 1511, 1645, 1659, 1709, 1724; vgl. Schlemmen
Malerei VIII 92, 94; A 421, 422, 424, 428, 431, 433, 435, 436; B 1244, 1251, 1254, 1260—1263, 1608, 1686; vgl. Lucas
Marcus VII 15
Maria V 62; A 345, 452, 459, 460
Marionetten X 102
Markolf A 617
Marktwesen II 22, 66, 85, 96, 97, 123, 124, 136—138; V 57, 103; VIII 113; A 205; B 1156, 1375, 1377, 1379—1383, 1386—1388, 1392, 1526, 1529, 1756
Marodeur f. Landstreicher
Mars VIII 22; B 1067

Martin A 735
Maskerade f. Fasching
Maurer VIII 6, 26, 103, 137; A 137, 138
Maus VI 88; B 932
Maximilian, Kaiser I 45; V 63; VI 16; VII 57; VIII 27; IX 37, 58; A 424, 426, 492, 568, 730
Meerkatze V 62; A 79
Meineid IX 9; A 220
Meistersinger VIII 119
Melancholie VII 80
Melken f. Rind
Melusine A 113—116
Menagerie f. Tierbude
Menschenfresser X 110
Merkur II 2, 6, 113, 116, 119; VII 62
Messe (kirchliche) A 351; B 1393. Sonst f. Markt
Messer B 1221; vgl. Aufschneidemesser
Messerschmied VIII 124
Meßinstrument A 420, 433, 440
Meteor VI Beil. 3; A 415
Metzger f. Fleischer
Michel, teutscher IX Beil. 4
Minnehof f. Liebesgarten
Minus, St. III 8
Mißgeburt III 141, 142; VI 86; X 64; A 419
Mode f. Hoffart
Monatsbilder mit ländlichen Beschäftigungen VI 46, 64—69, 139; VIII 118; A 178, 179, 209—211; B 1081, 1595, 1596
Mönch VII 8, 9, 16—18; VIII 121; IX 3, 4, 9; X 39, 48; XII 2, 4, 5, 12, 41, 50, 101; A 94, 100, 178, 204, 215, 216, 218, 220, 305, 310, 349, 352, 353, 359, 374, 380, 477, 593, 603, 604, 699; B 924, 926, 933
Mörder I 84; IV 34, 35, 37,

43; VI 71, 96, 99; XI 14, 15, 68; A 107, 133, 368, 518; B 929, 1209, 1220, 1221
Müller VI 93; VII 29; X 22, 29; XII 40; A 358, 664
Mumie III 1
Münzsammlung B 1259
Münzwesen f. Geldwesen
Musen VII 75, 76; A 567
Musik VI 74, 158; X 2, 4, 19, 33, 34, 51, 74, Beil. 1; A 42, 44—47, 191, 193, 198, 248, 321, 384, 426, 434, 485, 537, 540, 551, 556, 562, 563, 730, 746, 750, 891, 892; B 1045, 1125, 1237, 1240, 1410, 1566, 1581, 1625, 1660; vgl. Gesang, Tanz, Dudelsack, Flöte, Geige, Harfe, Laute, Orgel, Pauker, Trommler
Mutter V 25—28, 40; A 271, 459, 460, 782; B 1691, 1713
Mutwille V 56, 58, 59, 79, 89, 93, 97, 108; B 1676, 1677, 1722, 1723

Näharbeit V 118; B 1091, 1154
Narr II 83; III 19, 51; IV 75, 76; V 56, 116; VII 49; VIII 18; IX 56, 77, 78; X 34, 59; XI 20; A 6, 9, 10, 20, 21, 24, 25, 32—34, 36—39, 45, 47, 51, 257, 475, 490, 491, 537, 541, 552, 580, 616, 617, 641, 647—663, 666—668, 671, 672, 677, 697, 843; B 1099, 1104, 1144, 1181, 1238, 1345
Naturwissenschaften VII 22, 38, 113, 122; IX 106, 108; B 1252, 1254, 1650, 1718
Neid A 643, 644
Neujahrswunsch IX 89
Niederkunft f. Wochenstube

Nikolaus V 99, 101; vgl. Ruprecht

Noah A 169

Nonne V 125; A 93, 100, 215, 226, 299

Notar IV 68, 69, 70; A 244

Oberkellner B 1134

Obſt V 91; VI 155; A 17, 30, 36, 171, 490, 513; B 1038, 1597

Ochſe ſ. Rind

Ofen I 172; V 19, 99; VI 43; VII 97; VIII Beil. 7; IX 22, 23, 47, 67, 69, 118; XI 26, 89, 99; XII 24; B 933, 1145, 1362, 1436, 1437, 1627, 1666, 1708, 1721, 1724, 1725; vgl. Kamin

Operation ſ. Chirurgie

Ordensverleihung B 1299

Orgel A 80, 421, 422, 426, 614

Page B 1571

Papagei ſ. Sittich

Papiermühle A 296, 685

Papſt XII 3, 6, 7, 10, 11; A 343, 347, 349, 354, 355, 358, 363, 664, 748, 749; B 1181, 1461, 1463

Parade I 135, 153, 155, 173, 178; B 1272

Paſſahfeſt XI 92

Patenbrief V 23; XII 88

Patenpfennig V 22

Paternoſtermacher VIII 82, Beil. IV

Pauke I 75; A 426, 595

Paulus VII 13

Perſpektive A 439

Perücke VIII 130; B 1171, 1637

Peſt III 63—66, 127, 128; V 134; IX 64; B 1460

Petrus A 363

Pfändung A 277

Pfaunenſchmied VIII Beil. 4

Pfeifer ſ. Flötenbläſer

Pferd I 112, 126, 160; II 98; V 124; VI 7, 32, 53, 161; IX Beil. 11; X 35, 66, 115; XI 4; XII 106; A 5, 62—65, 139, 143, 144, 252, 262, 409, 474, 502—504, 544, 683, 720, 725, 726, 739, 746, 750, 762—768, 852; B 1248, 1250, 1478; vgl. Wagen, Reiterei, Reitſchule, Stall knecht, Ritter, Bote

Pferdedieb IV 33

Pflug VI 7—9, 18, 20, 30, 72, 91, 157; A 149, 177, 178, 679; B 1670

Pfropfen der Bäume VI 45

Pfründenſucher VII 47

Philoſophie VII 42, 43, 114; A 298

Pickelhäring B 1223

Pilger X 36, 43—45, 61, 62, 75; XI 14; A 40, 135, 287; vgl. Jakobsbrüder

Planetenbilder II 2; VII Beil. 13; A 103, 104, 174, 178, 221, 421, 422, 882; B 1073, 1077; vgl. Monatsbilder, Aberlaß

Plünderung I 38, 81, 83, 93, 95, 128, 161, 176, 177; II 49; VI 38, 96, 121, 128, 131, 132, Beil. 5; XI 35, 36; A 163, 174, 259, 879, 907

Pockenimpfung III 132

Poeten-Abzeichen VII 59

Pokal VIII 33

Porträts ſ. Abteilung IV

Poſtbote II 128, 129; A 720, 1372

Pranger IV 116, 118

Prediger XII 30, 32, 56, 78, 95, 108, 320; A 340, 749; B 1652

Predigt I Beil. 3; V 94; XII 33—35, 68, 69, 71, 72, 81, 82, 84, 103, 105; A 334; B 1404, 1461

Preisſchießen A 712—718; B 1310, 1311, 1315—1317, 1521, 1542; vgl. Stückſchie ßen, Scheibenſchießen

Preisſtechen B 1313, 1314

Preisverteilung V 117

Pritſche (Lagerſtätte) I 100

Pritſcher B 1226, 1237, 1239

Profoß IV 123

Prokurator ſ. Advokat

Proklamierung ſ. Sitzungsſaal

Promenade ſ. Garten

Prozeſſion ſ. Umzug

Prügelſtrafe IV 127, 120

Prunktafel B 1122

Pulver I 8; A 201; B 949

Puppe V 61, 65, 68, 126, Beil. 6; B 1669, 1673

Puppenhaus V 67

Putzenbrecht V 59, 102

Pyramus A 495

Quackſalber III 117, 131; X 66, 94, 95, 98, 99; B 993, 1054—1059, 1634; vgl. Theriak, Wurmbrandt, Zahnbrecher

Quirinus III 62

Rabbiner XI 58

Rädern IV 107; VI 70; VII 31; XI 13; A 374, 408; B 1201; vgl. Todesſtrafe

Radmacher A 152; B 1325; vgl. Wagenbauer

Rathaus IV 51; B 1374, 1378, 1452, 1555—1558; vgl. Sitzungsſaal, Markt

Ratsverordnung VIII 114; XII 16

Rattengiftverkäufer B 997, 1061

Rauchen ſ. Tabak

Raufen V 111, 119; VI 33, 106, 108; VII 64; XII 43; A 20, 32, 73, 132, 189, 253, 476, 611, 619, 635, 651,

652, 657, 883; B 1040,
1105, 1120, 1136, 1167,
Rebell B 1204, 1212 [1233
Rebhuhn B 1489
Rechenwesen II 37, 58, 68, 84;
V 120, 121; VII 28, 45;
IX 33, 85; X 33; XI 7, 8,
32; A 270, 422, 490, 571;
B 1683
Rechtsgelehrter VII 54; IX 30;
XI 50; A 379; vgl. Advokat,
Gericht, Richter
Reformatoren XII 19
Reichskleinodien B 1408
Reichstagssitzung B 1418, 1420
Reiter f. Pferd
Reiterei I 29, 112, 113; A 59,
745
Reitschule B 1523, 1530, 1559—
1562
Religionsstreit XII 45
Reliquien A 97, 336
Reue A 276
Rezept III 116
Rezitator B 1050
Rhetorika VII 30, 41, 87
Rhinozeros X 31
Richter IV 10—12, 17, 18, 33,
40, 46, 52, 146; A 306,
370; B 1618; vgl. Gericht,
Strafen
Riemenschneiden IV 114
Riese X 105
Rind VI 4, 109, Beil. 4 u. 7;
VIII 118; IX 54; A 140,
156, 175, 394, 879; B 1086,
1192, 1593
Ring A 16, 35, 47, 99
Ringelrennen B 1307, 1312,
1411
Ringer X 10, 17; A 104, 109—
112, 882
Ritter I 50; VI 29, 94; VII 75;
A 446, 484, 557, 731, 734,
736, 738, 739, 742—745,
751, 752, 766; B 1297, 1426;
vgl. Turnier

Rochus III 7
Rolandsäule II 120
Rotgießer VIII Beil. 3
Runenschrift VII 2
Ruprecht, Knecht V 98; vgl.
Nikolaus

Saal B 1553, 1554; vgl. Rat-
haus, Sitzungssaal
Säen VI 24; VII 29; A 163,
167, 168; B 1017
Sanduhr V 26, 140; VII 50,
80, 99; A 449—451, 598;
B 1158; vgl. Tod
Sänfte A 671; B 1412
Sarazenen I 11; A 851, 853;
vgl. Türken
Sarg f. Begräbnis
Satire f. Scherzbilder
Sattler VIII 47
Saufen f. Trinken
Saujagd f. Wildschwein
Schachbrett IX 16; A 9, 41,
281, 658; B 1131, 1632
Schaf VI 51, 52; A 175, 179;
B 1350
Schanzenbau IV 121
Scharfrichter IV 128
Scharwächter IV 129
Schaubude X 87; B 1564
Schauspieler f. Theater
Scheibenschießen V 79, 84; vgl.
Preisschießen
Scheintod III 145
Scheiterhaufen IV 144, 145;
XI 16, 84; A 374, 382, 410,
411; B 1198, 1203
Schellenmacher VIII 54
Schembartläufer VIII Beil. 12
Schere A 471
Scherenschleifer VIII 18, 116;
B 1062
Scherzbilder I 51, 54, 145, 147;
VI 11; X 37; XII 8—12,
20, 21, 36, 39—43, 52, 58,
61, 62, 73, 87, Beil. 1 u. 2;
A 100, 102, 343, 344, 346,

347, 354—359, 362, 466,
570, 579, 581, 639, 640, 645,
646, 664, 666, 839; B 916,
922, 927, 930—933, 952—
973, 1095, 1096, 1098—
1120, 1158, 1159, 1168—
1175, 1181—1183, 1428,
1433, 1562, 1618; vgl. Bilderbogen
Schießen f. Preis-, Scheiben-,
Stückschießen
Schiffe II 1, 5, 8, 14, 17, 18,
29, 33, 44—47, 87, 88, 107,
111, 113, 118, Beil. 4 u. 11;
III 52; VI 127; IX 18; X
Beil. 3; XI 37; XII 58; A
221, 223, 876; B 935, 1033,
1345, 1376, 1434, 1467,
1471, 1477, 1498
Schildwache I 87; IV 126;
A 201; B 1524
Schlacht f. Kampf
Schlange III 47, 118; VII 113;
X 26, 86; A 98, 144
Schlaraffenland f. Schlemmen
Schlemmen VI 74, 76, 78, 85,
105; IX 18, 75; XII 66;
A 267, 543, 580, 591, 598,
608—611, 613, 645; B 953,
1011, 1115, 1116, 1118,
1122, 1124, 1128—1130,
1139, 1158, 1598, 1604,
1649, 1684; vgl. Mahlzeit,
Trinken
Schlitten A 150, 257, 702—
705; B 1337, 1536—1539,
Schlittschuh f. Eislauf [1712
Schlosser VIII 66, 68, 73, Beil. 3
Schloß B 1270, 1272, 1356,
1358, 1364, 1365, 1417,
1444, 1467, 1470, 1497,
1498, 1500, 1508, 1509,
1512—1519, 1524; vgl.
Burg, Festung, Belagerung
Schmied VII 27; VIII 7—9,
14, 18, 22, 90, 134, Beil. 5;
B 1098

Schnalle VIII 2
Schneemann V 90
Schneider VIII 10, 48, 65, 91, 101, 132, 139, Beil. 1, 3 u. 10; B 1161
Schnitter f. Ernte
Schönbart V Beil. 5
Schreiber IX 32, 53, 84, 86; vgl. Bücherpult, Gelehrter
Schreiner f. Tischler
Schriftgießer A 684
Schröpfen III 43
Schubkarren f. Karre
Schuhmacher VIII 40, 61, 62, 72, 85, 133, 138; A 221; B 1153, 1747
Schule IX 39, 41, 45—48, 52, 56, 58, 87—89, 94, 97, 101, 106, 115, 118, Beil. 3; B 1662, 1663, 1718, 1720, 1725; vgl. Mädchenschule, Gymnasium, Lehrer
Schultheiß I 137; IV 124
Schwein VI 25, 27, 54, 86, 146; XI 11, 26, 28, 46; A 106, 180, 399, 579, 591; B 1183; vgl. Wurst
Schwemmen IV Beil. 5
Schwerttanz A 711
Schwur f. Eid
Sebald VII 63
Sebastian III 5
Seehund A 840
Seifenblasen B 1676
Seiler VIII 44, 102
Seiltänzer X 97, 103, 104; B 1222, 1230
Sempach=Schlacht I 18
Sense VI 49, 50; vgl. Schnitter
Sezierung III 25
Sibylle A 89, 90
Sichel VI 5, 46; A 164, 173
Siegel VI 117; VIII 46; vgl. Wappen, Handelsmarken
Silhouette B 1759, 1760
Simson A 7, 471
Sittich A 7—9, 12, 19, 23

Sitzungssaal B 1266, 1267, 1280, 1419, 1421, 1422; vgl. Reichstagssitzung
Skelett III 26; vgl. Anatomie
Soldat I 114, 115, 119, 121, 132, 148, 149, Beil. 5; V 71; VI Beil. 6; XI 98; A 212, 492; B 1215, 1248, 1272, 1283, 1455, 1471, 1635, 1658; vgl. Landsknecht, Reiterei, Schildwache, Hauptmann, Deserteur, Werber
Spanier I 102; VI 130; B 1099
Spaten VI 5; A 149, 151, 445
Spiegelmacher VIII 50
Spiele f. Kinderspiele
Spielkarten f. Kartenspiel
Spielschule V Beil. 3
Spielwaren f. Kinder
Spinnrad und rocken VI 149, 156; XII 62; A 73, 123, 157, 344, 477, 546, 680, 741; B 1102
Spottblatt f. Karikatur
Springbrunnen II Beil. 2; V 122; VII 62; VIII 115, 128; IX 19, 24; X 97; A 19, 23, 25, 540, 630, 826; B 1035, 1037, 1199, 1375, 1379, 1380, 1383, 1387, 1388, 1399, 1400, 1409, 1417, 1501, 1511, 1515, 1541, 1543, 1605
Spruchsprecher X 52; B 1234, 1235
Städtebilder f. Abteilung III
Stadtwächter IX 71
Stall VIII 4
Stallknecht A 701, 725, 726, 830; B 1010, 1654
Stammbuchinschriften III 130, 134
Ständchen B 1594
Steckenpferd V 1, 51, 64, 92; A 571; B 1347, 1672
Steinmetz VIII 38; A 137, 430

Steinoperation III 120; sonst f. Blasenstein
Steinspiel B 1127
Steinwerfen A 104, 882
Stephanus XI 2
Sterbebett f. Begräbnis
Steuerordnung VI 95
Sticken B 1088, 1665, 1678
Stockgefangene IV 38, 85, 98; V Beil. 2; VI 6, 72; XI Beil. 2; A 178, 675
Storch V 5; VI 2, 18, 142; A 841; B 1232
Strafen I 43, 44, 86, 100, 116, 123, 134, 156; II Beil. 8; IV 7, 109, 125; A 263, 643; B 1184, 1219, 1636; vgl. Todesstrafe, Folter, Pranger, Gassenlaufen, Riemenschneiden
Straßenkehren B 1636
Streit f. Kampf, Zank, Raufen
Stückschießen I 78, 143—145; VIII 24; B 1308, 1309
Student VII 32, 34, 35, 64; IX 16, 20, 62, 72—81, 110, Beil. 5—11; XI 96; XII 93; B 1123—1133, 1627—1630; vgl. Lehrer, Universität
Sühngeld IV 36
Süßkind XI Beil. 1
Synagoge XI 21, 24, 41, 56, 59, 62, 81, 82, 91; A 369; B 1186—1191

Tabak IX Beil. 5; B 985, 1060, 1133, 1142, 1144, 1173, 1534, 1616, 1634, 1653
Tanz III 67; V 87; VI 39, 59, 60, 75, 77, 79, 81—84, 136, Beil. 2; VIII 124; IX Beil. 11; X 34, 74, 77; A 42, 44—47, 119, 182—187, 192, 202, 208, 348, 505, 521—536, 539, 540, 548, 641, 711, 719; B 976, 981,

982, 1069—1071, 1132, 1294—1297, 1318, 1321, 1324, 1441, 1442, 1444, 1456, 1590, 1599, 1661, 1682, 1707; vgl. Fackeltanz

Taschenmacher VIII 49

Taschenspieler X 22, 26, 29, 114; B 1241

Taube I 9, 10; VI 29, 55

Taufe V 18, 21; XII 28, 88, 89; A 350; B 1178, 1457, 1648

Testamentsaufnahme IV 71, 72; A 266; vgl. Erbschaft, Vormund

Teufel I 53; II 67, 73, 90; IV 77; V 51; XII 6, 12, 25, 53; A 40, 73, 167, 225, 235, 334, 343, 346, 357, 385, 388, 396, 397, 400, 408, 462, 472, 618, 660, 883; B 913, 916, 923, 1100, 1141, 1152, 1246

Theater X 100, 101, Beil. 3 u. 4; A 313, 314; B 1224, 1225, 1229, 1298, 1300, 1507, 1509, 1566, 1754; vgl. Hanswurst, Pritscher

Theriak III 44, 47; VI 58; vgl. Quacksalber

Tierarzt A 139

Tierbude X 113

Tierhetze X Beil. 2; B 1302—1305, 1334, 1335

Tierkreis f. Monatsbilder

Tilly I 100; B 925, 933

Tintenfaßmacher VIII Beil. 6; vgl. Bücherpult

Tischler VIII 45, 128, 135; B 1326, 1330

Tischzucht V 52, 53

Titelumrahmung II 82; III 75, 99, 105; IV 49; VII 62; VIII 64; XI 51; XII 17; A 287, 297, 348, 349, 351, 488

Tod I 96, 101; II 63; III 68,

143, 144, 146—150; IV 74, 78, 79; V 136—140; VI 91; VII 94, 120; IX 18; X 101; XII 40, 100; A 41, 53, 236—238, 332, 418, 445—451, 472, 618, 649; B 1094, 1136, 1233, 1347, 1696—1698

Todesstrafe I 85, 123; IV 31, 48, 96, 101—104, 106, 127, 132—134, 136, 144, Beil. 12; X 92; XI 38, 39, 61, 63, 71, 73, Beil. 2; A 348, 374, 377, 380, 382; B 1194—1198, 1200—1202, 1205, 1207, 1208, 1217, 1541; vgl. Ertränken, Rädern, Scheiterhaufen, Vierteilen, Zersägen.

Topfwaren VIII 3, 20, 55, 117; A 29, 51, 200, 203, 337; B 921, 1331

Tor I 154; II 32, 126; XI 37; XII 45; A 50, 252, 437, 438, 765, 795, 796, 850, 902; B 1390, 1454, 1606, 1757

Tortur f. Folter

Totengräber XII 91; vgl. Begräbnis, Scheintod

Trage f. Sänfte

Trauerkleidung XII 96; B 1617, 1619

Trauung XII 90; A 131, 473; vgl. Hochzeit

Trepanation III 93

Trichter B 919

Trinken I 53; VII 37; A 125, 154, 235, 274, 595, 599, 609, 611, 636—638, 640, 670, 880; B 921, 991, 992, 1018, 1052, 1060, 1107, 1120, 1121, 1133, 1135, 1164—1166, 1563, 1630; vgl. Schlemmen, Wein, Wirtshaus

Trödler B 1744

Trommel I 78, 121; II 16; IV 120; X 79, 81; A 6, 36, 548, 704

Trompeter I 74; X 20; A 762; B 1427

Troß I 31, 57, 70, 82; X 1, 55, 88; A 865—868; B 947

Truppenrevue f. Parade

Truppenzug I 19, 57, 72, 137, 151, 162, 171, Beil. 4; A 892; vgl. Einholung, Troß

Tuchmacher II 27, 30, 71, 129; VIII 78, 84, 126; B 1327

Türken I 67; VI 129; X 51; A 92, 95, 499

Turm V 41; IX 21, 36; B 927, 1322, 1394, 1412, 1417, 1522, 1531, 1754

Turnier II 28; VI 80; X 27; A 36, 124, 710, 721, 723, 724; B 1470, 1551; vgl. Preisstechen, Ringelrennen

Überschwemmung A 414; B 1371

Uhr V 53, 81; XI 96; A 421, 569; B 1091, 1707

Uhrmacher VIII 58, 70

Ulfilas-Bibel VII 3

Umzüge I 78; VII 69; VIII 123—128; IX 68, Beil. 11; XII 18, 79, 92, 97; A 333, 345, 764; B 1151, 1152, 1306, 1323, 1326, 1327, 1330, 1332, 1333, 1340, 1441, 1446, 1453, 1536, 1537, 1543; vgl. Begräbnis, Einholung

Universitäten III 24; VII 32, 34, 88, 89, 126; IX 20, 22—25, 28—31, 42, 65—70; A 303; B 1453, 1543; vgl. Gelehrte, Studenten, Kräuterwesen

Unmäßigkeit f. Schlemmen, Trinken

Unwetter VI 28

Unwissenheit IX 38
Urbanreiten V 96
Urkundenerteilung IV 53
Urteil f. Gericht

Venus VII 62
Verbrecher IV 92; vgl. Dieb, Mörder, Betrüger
Verfasser f. Dedikation
Verleumdung A 642
Verschneiden A 141, 142
Vertreibung f. Ausweisung
Vierteilen IV 29, 110
Vogelbauer V 53, 102; IX 2; B 1021, 1062, 1063, 1694
Vogelfang A 646, 677, 681, 788, 816; B 1021—1023, 1482, 1483, 1488
Volksfeste A 719; B 1279, 1319, 1397, 1400, 1409, 1510, 1511; vgl. Preisschießen, Umzüge, Tanz, Eislauf, Schlitten, Fasching
Vormundschaft IV 72, 84; A 270
Wache f. Schildwache
Wachtelfang A 802, 813
Wachszieher VIII 86
Waffenschmied II 64; VIII 10, 29, 71, Beil. 4 u. 5; X 28
Wagen I 31; II 18—20, 41, 53, 54, 76, 118, 125, 132, 133; IV 92; V Beil. 1; VI 38, 63, 85, 87, Beil. 7; VIII 35, 112, 113; IX 68; XI 12, 51, 65; XII 70, 92, 93; A 150, 277, 413, 644, 718, 726, 748, 756—760, 824, 842, 868; B 940, 947, 974, 1031, 1032, 1073, 1207, 1208, 1250, 1273, 1274, 1281, 1286, 1313, 1349, 1379, 1380, 1383, 1389, 1390, 1398, 1409, 1411, 1424, 1463, 1469, 1471, 1493, 1496, 1499, 1510, 1531, 1532, 1540, 1544,

1550, 1661; vgl. Einholung, Fuhrmann

Wagenbauer VIII 67, 136; vgl. Radmacher
Wagenburg I 1, 4
Wägleinmacher VIII 53
Waisenhaus V 106, 127, 128; IX 91, 92, 103, 104, Beil. 3
Wallfahrt f. Umzug
Wanderbursch B 1706; vgl. Landstreicher
Wappen I 15, 32, 48—50, 71, 143; II 33, 38, 40, 42, 43, 85, 91, 118, Beil. 1 u. 7; III 44, 62, 103, 115, 141, 146; IV 81, 95, Beil. 8 u. 11; VI 76, 111, 114, 117, 122; VII 56, 57, 60, 68, 74, 91, 100, Beil. 2; VIII 101, Beil. 12; IX 23, 26, 60, 86; X 44, 107, Beil. 1; XI 47, 48; XII 23, 60; A 4, 15, 283, 285, 300, 317, 323, 326, 328, 336, 349, 352, 353, 355, 362, 378, 567, 568, 570, 612, 651, 667, 712, 737, 741, 746, 747, 749, 754, 755, 763, 765, 771, 777, 848, 849; B 928, 934, 938, 944, 1095, 1180, 1194, 1254, 1279, 1327, 1329, 1339, 1363, 1366, 1372, 1376, 1397, 1401, 1402, 1415, 1421, 1450, 1459, 1462, 1513, 1541; vgl. Fahnenträger, Buntschuh, Siegel
Warzenoperation III 119
Wäscherin A 239, 631
Wassersucht III 49, 101
Wasservögeljagd A 786, 790, 831
Weber VIII 76
Wechsler f. Geldwesen
Weib f. Frau, Landsknechtsweib
Weihnachtsfreuden V 104, Beil. 6; B 1656

Wein II 76; XI 51; A 246, 337, 393, 461, 601, 602, 606; B 920, 1040, 1119, 1140, 1141, 1233, 1268, 1269, 1346, 1690; vgl. Bacchus, Trinken
Weinberg A 165, 166, 169
Weiße Frau f. Aberglauben
Werber I 88, 133
Werwolf A 403, 404
Wettlauf IX 99; B 1320
Wickelkind V 5
Wiedertäufer A 323, 326; B 1200, 1201
Wiege V 8, 9, 11, 14, 19, 37, 48, 49, 53, 102, 138; A 113
Wildleute A 234, 463
Wildschütz B 1217; vgl. Hiefel
Wildschwein A 774, 787, 789, 791, 797, 798, 809, 817; B 1020, 1025, 1303, 1472, 1473; vgl. Schwein
Wirt A 709; B 1216 [1487
Wirtshaus VIII 100, 121; IX Beil. 6; B 985, 1248, 1532, 1565, 1634, 1635, 1659; vgl. Schlemmen, Trinken
Wittwe B 1626 [Wein, Tanz
Wochenstube III 48; V 2, 4, 6—12, 14, 16, 19, 24, 131; A 255; B 1185, 1648
Wolf A 390, 833, 845; B 1019; vgl. Werwolf
Wollweber VIII 13, 19
Wucher f. Geldwesen
Wunden f. Chirurgie
Würfeln I 42, 107; A 224, 597, 697, 881
Wurmbrandt III 123; X 95; B 1056, 1058, 1159
Wurmkrankheit III 108
Wurst VI 17; VIII 123; IX 17; A 99, 609; B 1118, 1322; vgl. Fleischer, Schwein

Zahnbrechen III 45; X 99; A 516, 614, 692; B 1051, 1065
Zank VI 75; A 240, 619

Zaumstricker VIII Beil. 6
Zaun II 3; VI 19, 20; X 35; A 36, 151, 795, 844, 845; B 1020, 1354
Zehnte VI 14, 15, 98; A 604
Zeitung B 1066, 1068, 1643
Zeltlager f. Lagerszene
Zersägen IV 108

Zeuge IV 86, 87, 94
Zeughaus I 142; B 1527
Zigeuner X 67, 69—72
Zimmermann VIII 5, 16, 27, [104
Zinngießer VIII 93
Zins f. Zehnte, auch Rechenwesen
Zirkelschmied B 1323, 1333

Zollamt II 105
Zoologe f. Naturwissenschaften
Zuchthaus f. Gefangene
Zweikampf I 16, 39, 61, 92, 94, 138; IV 30, 100; VIII 88—94, 99; IX Beil. 8; X 20; A 54; vgl. Fechtübung, Raufen, Ringer

Anhang
Text-Register zu den Monographien

(Verzeichnis vorkommender Orts- und Eigennamen)
Die römischen Ziffern beziehen sich auf die Bände, die arabischen auf die Seiten derselben

Aachen V 14; VIII 13, 64; IX 9, 12; X 74
Aalen V 81
Abälard III 39; VII 21, 40; X 45
Abeles, Simon XI 82
Abelin, Johann Philipp VII 113
Abraham a Sancta Clara III 104, 108, 109;
   IV 80; V 22, 85, 114
Absberg, Hans Thomas von X 98
Ackiva XI 34
Adalbert, Erzbischof von Bremen X 32
Adalbert, Erzbischof von Mainz IX 18
Adalbert von Benediktbeuern VII 17
Adam, Hans X 97
Adam von Bremen II 18; VII 13; X 32
Adelbert, Bischof von Worms VIII 27
Adelmann VII 85
Adohart, Jörg VIII 84
Adolf, Erzbischof von Mainz X 88; XI 30
Adolf II, Graf von Holstein VI 80
Aegda III 8
Aegidius, Heiliger IX 106
Aegidius von Corbeil III 14, 19
Aeken s. Bosch, Hieronymus
Aeneas Sylvius II 99; VII 62; IX 69; X 54
Aesop IX 46, 112, 115
Afra, Heilige X 64
Agolant, König X 42
Agricola II 79; VII 66, 99; IX 68
Agricola, Georg VII 97
Agricola, Johannes V 46
Agricola, Rudolf VII 61, 80
Ahasver XI 64
Ahlefeld, von VI 138
Ahlefeld, Detlev I 83, 119
Ahlefeld, Klaus I 119
Alarich III 131
Albe, v. d. I 102

Alberade, Gräfin V 73
Albertus Magnus III 12, 87; VII 25, 26, 27, 41,
   48, 56, 91
Albrecht Achilles, Markgraf von Brandenburg
   V 19, 20, 112, 113; X 80; XI 42
Albrecht Alcibiades, Markgraf VIII 124, 136
Albrecht, Bartholomäus XI 68
Albrecht der Bär VI 80
Albrecht II, Kaiser IV 59
Albrecht, Erzbischof von Magdeburg und Mainz
   VII 62, 78, 83; XI 33, 39, 43, 53
Albrecht V., Herzog von Bayern V 66, 68
Albrecht, Herzog von Mecklenburg V 121
Albrecht, Herzog von Österreich V 6
Albrecht, Herzog von Preußen I 92, 99; VIII 41;
   XII 25, 28, 30
Albrecht, Herzog von Sachsen I 19, V 112; VIII
   96; XI 29, 53
Albrecht von Halberstadt X 36
Albrecht von Scharffenberg X 31, 38, 41
Aldekerk V 95
Aldenburg II 14
Aldenhausen XII 63
Alexander de Villa Dei IX 46, 52, 53, 64, 69
Alexander, Herzog von Sachsen V 130
Alexander von Spina III 43
Alexandria XI 32
Alexis, Willibald I 137
Alkuin VII 9, 12; IX 8, 10
Allendorf s. Philipp von
Alphonsus der Welsche X 113
Altdorf III 25, 96, 99, 101, 126; V 120; VII 116;
   VIII 38; IX 77, 86, 88, 96, 97
Altenburg IX 65
Altlübeck II 14
Alt-Rapperswil, Grafen von V 121
Alt-Thann X 91

Aljey V 36
Amalie Markgräfin von Brandenburg V 112
Amberg III 62
Amerbach, Johann VII 113
Amman, Jost VI 96; VIII 125
Amsterdam II 108, 112, 129; IV 30; XI 110
Amwald, Georg III 95
Anastasia, Markgräfin von Brandenburg V 113
Andred, Johann Valentin XII 60, 78, 79, 80, 92, 97
Andreas, Presbyter X 78
Andromachos III 108
Angelo, Guido b' II 43
Angilbert VII 9, 11
Anna, Herzogin von Mecklenburg V 121
Anna, Herzogin von Sachsen V 19
Anna, Herzogin von Württemberg V 45
Anna, Kurfürstin von Sachsen V 7, 9, 19, 27, 42, 53, 101, 117, 125, 127
Anna, Markgräfin von Brandenburg V 11
Anna, Prinzeß von Sachsen V 55, 125
Annaberg IX 99; XII 30
Anno, Erzbischof von Köln XI 8
Ansbach III 98, 117,127; V 129; XI 98, 102
Anselm von Canterbury VII 40
Ansgar II 19
Antigone IV 105
Antoni de Nobili, Peter II 41
Antonius, Heiliger III 56; IV 85
Antorf II 73, 66 f. a. Antwerpen
Antwerpen II 40, 50, 66, 76, 79, 80, 83 f.a. Antorf
Apian, Philipp VII 104
Apuleius X 13
Aristoteles III 14; VII 42, 44, 45, 50, 64, 98, 130, 131; IX 48, 69, 72, 74, 114
Armleder XI 14
Arndt, Ernst Moritz VI 130
Arnold, Gottfried XII 101
Arnoldus Villanovanus III 19, 93
Arnstadt IV 98
Artus, König X 30
Aschersleben V 11
Astenas, Löw XI 104
Asklepiades III 121
Attila VIII 9
Atzbach VI 60

Aubanus, Johannes Boemus VI 88
Augerau IV 142
Augsburg II 37, 38, 47, 48, 58, 70, 79, 80, 88; III 29, 32, 46, 54, 76, 101; IV 127; V 22, 33, 59, 81, 84, 99, 108, 121, 125, 130; VIII 34, 46, 86, 87, 92, 134, 136; IX 77, 97, 102, 111; X 105, 113, 125; XI 28, 29, 33, 55; XII 6, 19, 30, 38, 40, 43
August, Kurfürst von Sachsen II 87; V 22, 66, 130; IX 110; XII 57
August II., Kurfürst von Sachsen V 9
Augustinus III 110; IX 8, 75
Avés Lallemant X 15, 98, 101
Aventin VII 91; X 80
Avicenna III 14, 90; VII 92
Avian IX 46

Babylon IV 28
Bacchus X 48
Bacharach XI 20
Baden (Schweiz) IV 50
Baden-Baden III 50
Bahrdt, IX 121
Baiersdorf XI 75
Balde, Jacob VII 108
Balder III 6, 131
Balduin, Erzbischof von Trier XI 12, 14
Baldung, Johann V 107
Baldung, Hans VI 49
Baldur f. Balder
Baldus VII 49
Ballin Hamburg XI 75
Balthasar, Heiliger III 11
Balthasar, Landgraf von Thüringen XI 23
Bamberg II 38, 92; VIII 116; IX 17, 77; X 58; XI 102
Bangor IX 14
Barbara, Markgräfin von Brandenburg V 113
Barcelona II 40
Bardewiek II 12
Barmen VII 136
Barsewisch, von I 141, 143, 148
Bartel, Daniel X 125
Bartholomäus von Salerno III 18
Bartisch, Georg III 84, 85
Bartolus VII 49
Baruch, Hofarzt XI 29

Baruch, Nathan XI 104

Basedow, Johann Bernhard IX 121, 122

Basel II 70; III 21, 25, 29, 57, 90, 136; IV 67, 72, 115; V 37, 77, 97, 109; VII 28, 30, 39, 41, 64, 80, 92, 113, 118; VIII 23, 35, 48; XI 31, 59, 64, 96; X 68, 75, 86, 87, 89

Basser, Anthoni VIII 101

Bastarne II 6

Baugulf VII 12

Bauhin, Caspar VII 113, 118

Baumann, Jakob III 79

Baumgarten XII 124, 136

Baumgarten, Siegmund Jacob XII 126

Bautzen IX 64

Bebel, Heinrich VII 96; X 71, 72; XI 52, 55, 60, 61

Bebenhausen IX 96; XII 118

Becher, J. J. III 96, 98, 106

Becker, Balthasar IV 30

Becker, Rudolf Zacharias VI 137

Beckh, Balthasar X 125

Bec IX 18

Behaim, Friedrich II 40, 42; V 108

Behaim, Georg V 18, 38

Behaim, Lukas Friedrich V 86

Behaim, Michel II 40, 41, 56, 76, 88; V 13, 39, 75, 108; VIII 80

Behaim, Paulus II 41, 76, 88; V 13, 18, 38, 39, 64, 78

Beham, H. S. VI 98

Beheimb III 80

Beihingen V 76

Belgard II 14

Below, von I 146

Benedictus, Heiliger VII 10

Benediktbeuern IX 17; X 47; XI 59

Benevent X 53

Benno, Bischof von Osnabrück VII 13; IX 17

Berend Levi XI 81

Berengar von Tours VII 21

Bergen II 19, 34, 40, 41, 42, 63

Bergheim VIII 91

Beringer, Johann Bartholomäus Adam IX 124

Berlepsch, von I 102

Berlichingen, Götz von VI 107, 110; XI 36, 119

Berlin I 102, 113, 142; III 98, 112, 117, 122, 125, 136; IV 138; VIII 73, 136; IX 130, 131;

XI 33, 75, 78, 81, 95, 98, 116, 125, 126; XII 40, 135, 142

Bern IV 53, 68; V 73, 90; VIII 105

Bernardin, Karl X 108

Bernau VIII 17, 18

Bernburg XI 80, 93, 109

Berneck X 81

Bernhard von Clairvaux, Heiliger XI 48; XII 97

Bernhardi, Bernhardo de X 113

Bernlef X 9

Bernward von Hildesheim VIII 10

Bero-Münster IX 60

Bersmann, Gregor VII 104

Berssel XI 37

Bertha VII 11

Berthold, Dominikaner II 86

Berthold, Bischof von Würzburg VIII 41

Berthold der Schwarze, s. Schwarz

Berthold von Regensburg III 45; V 28, 34, 46, 47, 104; IX 22, 41; X 21, 44, 62; XI 20, 48

Beseleel VII 9

Besler, Basilius III 101

Besselmeier, Sebastian I 45

Besserer, Hans II 75

Beßler, Hieronymus III 70

Bezold von VI 99; VII 93

Biberach IX 57

Bicocca I 20, 44

Biel, Gabriel VII 72

Bielefeld VIII 136

Bierst, Peter X 119

Billick, Eberhard XI 48

Binz V 32

Björn, Harald Harfagrs Sohn II 12

Bisan, Johann von Paris X 123

Bischweiler X 91

Bleschke, Balthasar XII 83

Blondin X 114

Blume VII 99

Blumenthal III 125

Böblingen VI 110

Boccaccio III 57

Bock, Hieronymus III 69; VI 50, 70; VII 97, 109, 118

Bocksdorf, Theoderich von IV 54

Boerhaave III 101, 117, 118, 125, 126

Boethius IX 16, 50, 69

Boger, Hirschle XI 104
Bohemus, Martinus V 85
Böhm, Hans, von Niklashausen VI 99, 100
Boie, Johann Friedrich XII 144
Bollstädt, Herren von III 12; VII 25
Bologna II 95; III 14, 25, 33, 39; IV 71; VII 21, 22
Bonaventura X 53
Bonifatius VII 12; IX 10
Bonn XI 122
Bordeaux XI 72, 122
Bornhoevede VI 114
Bosch, Hieronymus X 69
Bötzinger XII 74
Boyen, von I 156
Bozen V 108
Bräker, Ulrich I 140
Branca, Antonio III 39
Brant, Sebastian III 45, 71; IV 54, 75; V 96; VI 87, 90; VII 53, 54; X 68, 71, 84, 86; XI 55
Braunau am Inn VIII 64
Braunsbach XII 70
Braunschweig II 118; V 27, 31, 98, 105; VIII 38; IX 107; XI 15, 28
Breithaupt XII 104
Bremen II 112, 113, 125, 127, 130; IV 127; VII 13, 112; IX 17, 97
Bremen, Michael III 109
Brenz, Johannes XII 46
Breslau II 40, 44, 102; III 101; V 28, IX 59, 60, 70, 106; X 67; XI 11, 28
Breßler, Franz II 106
Breydenbach, Bernhard von III 69
Brieg V 118; XII 44
Bromm, Hans II 66
Brouwer VI 98
Brown, John III 117
Bruchsal VI 100; X 65
Bruck b. Erlangen V 96, 130
Bruck, Johann von der X 123
Brück XII 57
Brugg IX 60
Brügge II 53, 60, 63
Brun von Schoenebeck I 14; II 31
Brunfels III 69; VII 113
Brunhilde IV 33
Brunner III 125

Bruno, Erzbischof von Trier XI 29
Bruno von Köln VII 13
Brunschwig, Hieronymus III 82
Bruschius VII 108
Bry, de III 101
Bucer XI 48
Buch, Dietrich von I 109
Buchholzer, Georg XII 24, 37
Buchinger, Matthias X 119
Buchwald, Oswald I 120
Bückler, Johannes X 104
Bülmann, Jakob VIII 36
Bülow, Graf XI 125
Büsching XII 135
Bugenhagen XII 35, 44
Bullinger, Heinrich IX 57
Buno, Johann V 101
Bunger III 28
Burchard von Worms VII 13
Burg V 98
Burghausen VIII 64
Burgkmair, Hans X 115
Burgund, Heinrich von X 113
Burtscheid II 128
Busch, Johannes V 98
Buschius, Hermann VII 68, 70, 78
Butzbach Johannes V 102; IX 59
Butzer XII 41
Byzanz II 10, 17, 35, 36; VII 45, XI 7

Cadix II 129
Caesar VI 6; IX 74; X 7
Caesarius von Heisterbach II 34; X 77
Calabrien X 108
Calcar f. Johann Stephan von
Calixtus VII 115, 116
Calixtus, Friedrich Ulrich VII 124
Calixtus, Georg VII 124
Calman, Elisabeth XI 110
Calman, Isaak XI 110
Calw XII 78, 79
Camerarius III 46, 70, 79, 85; VII 107, IX 75, 96, 101
Cammermeister, Joachim III 67
Campe, Joachim Heinrich IX 121, 122
Capellen V 98
Carbe, Mendel XI 104

Cardoso, Fernando XI 71
Cario, Johannes VII 74
Carion IX 74
Carpzov VII 116, 140; XII 70
Cartesius VII 130
Casaubonus VII 107
Casimir, Markgraf von Ansbach V 91
Caspar, Pfalzgraf von Zweibrücken V 112
Caspar (Heiliger) III 11
Cassel II 112; V 30; XII 46
Castro, Robrigo a XI 71
Cato IX 46, 112
Celtes, Conrad III 64, 65; VII 62, 65, 68, 70,
    73, 75, 80, 85, 88, 89
Champeaux f. Wilhelm von
Chateau-Gontier X 51
Charitas, Abtissin von Sancta Clara VII 88
Chemnitz, Bogislav Philipp von VII 113, 116
Chilperich III 8, IX 8
Chlodwig VI 10
Chlotar VIII 10
Chodowiecki VI 138; XII 6
Chotusitz I 147
Christian-Erlang X 126
Christian Ernst, Herzog von Sachsen XII 110
Christian Günther, Graf zu Stolberg VI 139
Christian, Herzog von Brieg V 111
Christian, Kurprinz von Sachsen V 42, 55, 66
Christian IV. von Schleswig-Holstein XII 86
Christiankehmen V 100
Christine von Schweden XI 71
Christoph, Graf von Mansfeld XI 41
Christoph, Herzog von Mecklenburg V 121
Christoph, Herzog von Württemberg V 13, 27;
    IX 89
Chrodegang von Metz IX 10
Chur III 136; V 61
Chyträus, Nathan VII 112
Cicero VII 43, 70, 75, 108; IX 16, 46, 78, 112,
    114
Claudius VI 137
Claus von Busch II 56
Clauser III 66
Clawert, Hans XI 43
Clementinus, Clementius III 66
Cleve XI 75, 110
Cleve, Herzog von I 32

Cluny VII 18, 19
Clusius III 101; VII 113
Cober, Gottlieb XII 107
Coburg f. Koburg
Cochläus VII 99; IX 71
Coïter, Volker III 70
Collin, Friedrich Eberhard XII 114
Cöln f. Köln
Coloman, St. IX 34
Columban, St. IX 14
Comelinus VII 113
Comenius, Johannes III 102; V 33; VII 127;
    IX 116, 122, 131
Compiègne X 37
Conring VII 140, 143
Constantinus, Kaiser XI 59 f. a. Konstantin
Constantinus africanus III 19
Coortryk I 8
Cordova II 19
Cordus Euricius III 66; VII 118
Cordus Valerius III 69, 76
Corner, Hermann X 77
Corvey III 11; VIII 12, 13; IX 17
Corvinus XII 22
Cosmas St. III 8; VII 33
Costa, da XI 72
Cotterius III 104
Cotta, Ursula IX 57
Cramer, von IV 139, 140
Cranach VI 97
Cranz, Johann Kaspar V 129
Crell III 116; VII 99
Crispin St. VIII 98
Croll, Oswald III 91, 95, 106
Cruiffhank III 116
Crusius VII 107; IX 90
Cube XII 135
Curio III 40, 72; IX 32
Cuspinian VII 113
Cysat VII 109

Dachau X 104
Dagobert, König II 10; VIII 10
Dalberg, Freiherr von XI 124
Dallnsteiner II 114
Damian III 8; VII 33
Daniels, Jakob XI 12, 13

Danner, Hans VIII 39

Danner, Leonhard VIII 39; X 105

Danzig II 21, 32, 50, 53, 64, 68, 69, 70, 71, 79, 80, 118; V 101, 118; VII 138; IX 97; XII 100

Daffel, Reinald von IX 20; X 32, 49

David VII 9; XI 61

Debourges II 45

Deggendorf XI 21

Dein, Johann VIII 38

Delanave, Jeromino II 43

Demokritus XII 145

Demosthenes IX 114

Denk, Hans VII 103

Derfflinger I 94, 97, 115

Descartes VII 127

Dessau XI 78, 102

Deventer III 64; IX 68

Didymos VII 140

Dieburg, Zorlyne von XI 11

Dietrich, Erzbischof von Magdeburg XI 12

Dietrich von Bern VI 74; X 28, 30

Dillingen IX 77; X 104

Dinkelsbühl V 83

Dionysius von Paris III 11

Dioskorides III 14

Dippel XII 101

Döbel, Velten V 123

Dohm XI 119

Döllinger VII 49

Dominicus I 140

Donatus IX 46, 52, 53, 64, 112

Döpfer, Peter X 125

Dorothea, Markgräfin von Brandenburg V 113

Dorothea, Prinzeß von Sachsen V 53, 55, 101

Dorothea Maria, Herzogin von Sachsen V 89

Dorothea Sybilla, Herzogin von Brieg V 9, 27, 82, 106, 118

Dormagen V 44, 122

Dornstetten VI 84

Dreieich IV 15

Dresden VII 136; IX 101, 108; X 103; XI 29; XII 64

Dryander X 107

Dubroq, Corneille X 114

Duderstadt XI 98

Duisburg VIII 14; IX 97

Dunkelgud, Hinrich II 59, 60, 62

Duns Scotus II 33; VII 40

Dürer, Albrecht III 135; V 13, 45, 84, 120; VI 38, 97, 98; VII 85, 91; VIII 35; X 58; XI 58; XII 78

Dürfeld VII 103

Dürninger, Abraham II 126

Dusenbach X 91

Duurstede II 18

Eberhard, Grafen von Württemberg V 112; VI 84; VII 62

Eberhard im Steinhause V 115

Eberhard von Bethune IX 61

Eberlin von Günzburg IV 83; XI 56

Eberstein, Graf Philipp vom V 42

Eberstorff, Peter X 89

Ebnerin, Barbara III 95

Eck, Johann Dr. V 101, 107; IX 25, 28, 37, 68

Ecke X 30

Eckehard X 41

Eckenberg, Johann Carl von X 115

Eckhart X 30

Edelbeck X 60

Egen, Johann III 80, 82

Eger V 98; VIII 17

Egidius von Corbeil s. Aegidius

Ehingen a. D. V 84; IX 57

Ehrenberg, Ernst von V 92

Ehrhardt, Jodocus (Prediger) II 87; XI 67

Eichstädt VII 83

Eike von Repgowe IV 41, 42; VII 27

Eimmart VII 138

Einhard V 9, 11, 12; IX 8; X 39

Einsiedeln s. Maria-Einsiedeln

Eir III 7

Eisenbart, Johs. Andreas III 127; X 108

Eisenach IX 57; X 7

Eisenmenger XI 106

Ekkehard der Rote IX 17

Ekkehard IV., VII 19; IX 13, 14

Elberfeld VIII 136

Elbing II 70

Eleonore, Herzogin von Troppau und Jägern-dorf III 112

Eligius, Heiliger VIII 10, 98

Elisabeth, Gräfin von Schwartzenberg III 112

Elisabeth, Heilige V 6, 11

Elisabeth-Stift in Breslau IX 59, 60, 70

Elisabeth, Markgräfin von Brandenburg V 113

Elisabeth, Pfalzgräfin von Zweibrücken V 46

Elthan, Moses XI 84

Ellnbogen a. d. Eger III 50

Elsbeth von Brandenburg V 112

Elsnig XII 14

Emmeran, Heiliger III 131

Emmerich V 106, 124; IX 57, 66, 69

Ems III 50

Emser, Hieronymus VII 99

Enden, David van den II 112

Enderlein, Kaspar VIII 35

Endingen XI 51

Endter, Jörg VIII 110

Endter, Michael IX 116

Enea Sylvio X 54 f. auch) Aeneas

Enenkel, Jansen X 40

Engelhart, Simeon V 130

Eningen XII 115

Ensisheim VIII 91

Entlebuch IV 124

Ephraim XI 80, 88

Epikur X 48

Erasmus von Rotterdam IV 79; V 7, 33, 51,
  55; VII 43, 61, 66, 76, 80, 83, 89, 90, 98,
  104, 108, 140; IX 96, 112

Erbach, Graf Georg von II 92

Erfurt I 11, 41, 126; III 25, 40, 136; V 85;
  VI 87; VII 27, 28, 33, 36, 49, 56, 64, 72,
  76, 91; VIII 41, 96; IX 24, 35, 68, 71; X 7,
  125; XI 23, 26, 28, 30, 33

Erlangen III 117; IX 126

Ermenrich X 11, 41

Ernesti, Joh. August IX 115, 123

Ernst der Fromme, Herzog von Gotha V 51,
  VIII 97; IX 116, 117, 131; XII 94, 98, 100

Ernst, Kurfürst von Sachsen V 112; XI 29, 53

Ernst, Erzbischof von Magdeburg XI 60

Eschenbach s. Wolfram von

Eschenbergen XII 78

Eßlingen III 25; V 105, 116

Ettenheim XI 92

Etrusker II 7

Etzel X 40

Etzin i. d. Kurmark I 147

Eulenspiegel s. Till

Euklides VII 64; IX 78

Eyb, Albrecht von VII 61

Faber, Georg XII 78

Faber, Johann VII 99

Fabricius IX 95

Fabricius, Georg IX 105

Fabricius, Johann Albert VII 140

Fabricius von Aquapendente III 100

Fabritius, Dr. II 79

Fadinger, Stephan VI 112

Falstaff I 66

Farster, Stephan VIII 38

Faust VII 26, 39, 56, 91, 92; X 6, 105; XI 61

Fehrbellin I 96, 110, 137

Feldkirch V 79

Ferdinand, Erzherzog V 90; X 60

Ferdinand I., V 91; VI 106; VIII 36

Ferdinand II., VI 112; XI 69, 80, 81

Ferdinand III., Kaiser XI 70

Ferrarius, Bartholomäus III 17

Ferrières, Lupus von IX 13

Fettmilch, Vincenz XI 44, 45

Fichte I 156; VII 143

Fiebiger VII 140

Fischart III 71, 72; V 18, 33, 36, 39, 51, 77;
  XII 71

Flaccus VII 9

Flacius Illyricus VII 99, 100, 104

Flaischer, Johann III 82

Fleischmann, Peter X 60

Fleming, von I 104, 106, 109, 113

Flensburg XII 144

Flock, Erasmus V 19

Florenz II 40, 91, 95, 96; III 57; VIII 38

Flötner, Peter VIII 35

Folz, Hans III 30, 47, 49, 50

Forcade, von I 148

Forestus III 67

Fornier, Anthoni VIII 83, 134

Fortuna II 34

Fouchard III 125

Franck, Sebastian II 40, 78; VI 89; VII 103

Francke, August Hermann VII 129, 131; IX 117,
  118; XII 89, 118

Fränkel, Eltan XI 88, 100

Frankenhauſen VI 111

Frankfurt a. M. II 38, 53, 66, 79, 83, 91, 94, 108, 118, 122, 129; III 25, 32, 43, 45, 87; IV 57, 58, 118, 127, 128, 142; V 83, 117, 126; VII 113; VIII 25, 48, 52, 64, 86, 91, 109; IX 43; X 36, 56, 57, 58, 65, 74, 82, 120; XI 11, 24, 29, 32, 36, 37, 41, 44, 48, 50, 53, 78, 84, 101, 104, 111; XII 100, 107, 112, 115, 120, 137

Frankfurt a. O. II 118; VII 28, 30, 64, 126; IX 64, 90; XI 42, 81

Franklin, Otto IV 57

Franz I., Kaiſer VIII 139

Frauenberg VI 110

Frauenlob X 55

Freher, Marquard VII 115

Freiberg i. Sa. V 130; XII 28

Freiburg i. B. III 136; IV 72; V 62, 75, 89, 100, 101, 116; VII 28, 64, 80

Freiburg i. d. Schweiz IV 105

Freidank VI 44; X 31

Freiſing VI 84; VII 9, 17, 20

Freiſtadt ob der Enns VIII 82

Freſenius, Joh. Phil. XII 104, 116, 118, 120, 124

Fretila VII 7

Freytag, Guſtav I 140; II 122; X 44; XI 82; XII 120

Friedberg VIII 92, 93; XII 67

Friedelhauſen VIII 54

Friedrich I., Barbaroſſa (Rotbart) I 7; II 20; VII 17, 20; IX 20; X 32; XI 11

Friedrich I. König von Preußen I 94, 97; VI 128; VII 138; XI 78, 79, 106, 110; XII 121

Friedrich II., Kaiſer III 13, 14, 22, 29; IV 57; VI 34; VII 45; VIII 17, 40, 41; X 33, 39; XI 20, 28

Friedrich II., König von Preußen I 75, 116, 132, 137, 138, 142, 143, 146—148, 150, 155—157; II 121; III 126; IV 136—138, 140; V 69; VI 32, 129, 139; VII 9, 131, 132, 138, 140; VIII 135; IX 123, 132; XI 78, 80, 84, 88, 93—96, 125; XII 40, 139

Friedrich III., Herzog von Liegnitz V 94

Friedrich III., Kaiſer V 90; VII 65; X 60, 91

Friedrich III., Kurfürſt von Brandenburg XII 121

Friedrich der Weiſe, Kurfürſt von Sachſen III 65; VII 62

Friedrich, Herzog von Baiern VIII 41

Friedrich, Herzog von Öſterreich XI 15

Friedrich, Herzog von Sachſen V 89

Friedrich, Kurfürſt — Pfalzgraf von Nürnberg X 57

Friedrich, Landgraf von Thüringen XI 23

Friedrich Wilhelm I., König von Preußen I 94, 97, 98, 102, 110, 115, 120, 126, 128, 132, 136, 142, 157; VI 128, 129; VII 125, 131, 138; IX 132; X 103; XII 40, 118, 121, 126, 129

Friedrich Wilhelm II., König von Preußen VII 132; XI 122

Friedrich Wilhelm III., König von Preußen VI 140; XI 126

Friedrich Wilhelm f. Großer Kurfürſt

Friesfeld VIII 119

Frischlin, Nicodemus VII 107, 108; IX 90, 102

Friz, Jos VI 100, 101

Froben VII 113

Froiſſard XI 34

Frommann, Joh. Andreas XII 83

Fronsperg, Georg von I 20, 31, 39, 44, 50

Fröſchel XII 22

Fuchs X 110

Fuchs, Lienhardt III 26, 69

Fugger II 46, 52, 80, 84; VII 127; XI 32

Fugger, Johann Jakob X 60

Fulda III 11; V 81; VII 9, 12, 15, 77; IX 12, 17, 18

Funcke XII 25

Fürer, Chriſtoph II 43; V 66

Fürſtenberg, Graf Wilhelm von V 62

Fürth XI 102

Füſſen III 136

Gagler, Chriſtoph X 126

Gailet, König X 34

Galenus III 14—16, 28, 90, 91, 100; VII 48, 92; IX 61

Gall, Balthaſar X 97

Gans zu Putlitz II 50

Gans, Heimann XI 23

Gardelegen XI 34

Garzonus IV 85

Gasparino da Barzizza IX 69
Gaßner, J. J. III 127
Gastein III 50
Gatenaria III 40
Gatterer XI 114
Gaupp IV 42
Geber III 96, VII 110
Gedike, Fr. IX 130
Gehema I 104
Geiler von Kaisersberg II 37, 50, 52, 72, 77;
　III 13, 20, 22, 42, 66, 134; IV 75, 79; V 25,
　34, 39, 59, 73, 100, 105; X 66—68, 71, 82,
　106
Geisberg IV 42
Geiselbrecht, Georg X 126
Geiserich VIII 8
Geismaier, Mathias VI 111
Gelderfen II 59, 64
Gellershausen XII 78
Gellert I 143; VI 136
Genf V 109
Gengenbach, Pamphilus VI 104; X 68
Gennep VIII 13
Gentilis, Scipio VII 118
Genua I 39; II 40, 91, 96; III 57; XI 7
Georg, Heiliger I 45; V 84
Georg, Herzog zu Sachsen V 20; VII 62, 75;
　XI 39
Georg, Landgraf von Hessen XII 58, 89
Georg Friedrich, Markgraf von Baden I 85
Gerardus Parvus III 28
Gerathwohl, Heinrich III 64
Gerber XII 115
Gerbert IX 18
Gerhard, der gute, von Köln II 21, 25, 29, 30
　bis 32
Gerhard Johann VII 116, 124
Gerhard von Schwarzburg, Fürstbischof X 77
Gerold VIII 97
Gerolzhofen IX 65
Gersdorf, Hans von, gen. Schylhans III 82
Gersdorff, von IV 138
Gerwer, Heintzmann X 91
Gerwinus Licentiatus II 79
Gesner, Johann Matthias VII 130; IX 123
Gesner, Konrad III 69; VII 107, 113, 118, 119;
　IX 130, 133

Geyer, Florian VI 107, 110
Ghisnes, Graf von X 23
Gierth, Valentin V 27
Giese IV 129, 131
Gießen III 25, 101; IX 77, 82
Gigas, Johannes IX 101
Gilgenfeld VI 36
Girtanner, Chr. III 117
Gisius, Alexander IX 109
Glareanus, Henricus VII 75
Glauber III 95
Gleim I 151
Glöden, von I 146
Glückel, Frau XI 75, 100, 110
Glurns IV 120
Gnadenberg V 66
Gneisenau, von I 156
Godefrid, Apotheker III 28
Göde von Narva, Niclas X 107
Godi IV 9
Goethe III 121, 135, 136; VI 137; VII 130,
　139; IX 116, 123, 126; X 77; XI 98, 114,
　124; XII 104, 145
Goethe, Frau Rat V 73
Goetz s. Berlichingen
Göggingen V 82
Gogler, Carl de III 112
Goldast VII 113, 122, 140
Goldberg IX 111
Gompertz-Cleve XI 75, 88, 110
Görlitz IX 64, 109
Görres VII 143
Goslar II 31; VIII 17, 40
Gostenhof VIII 49, 103, 120
Gotha VIII 80; IX 35, 117, 118; XII 138
Gottfried von Nifen VI 34
Gottfried von Straßburg III 8; VI 74; X 25,
　28, 32
Gotthelf, Jeremias VI 137
Göttingen IX 125, 133
Gottorp VII 113
Goße X 56
Gozbert III 11
Graef, Adolf de X 114
Graevius VII 123
Graf V 99
Grasbroof II 51

Gratius, Ortuin VII 76
Gray IX 77
Gregor der Große V 79; IX 16; XII 36
Gregor IX., III 15
Gregor von Tours X 17
Greifensee IV 99
Greifswald VII 28; XII 41
Grellmann, H. M. G. X 76, 77, 79
Grieninger, Heinrich IX 71
Grimm, Jakob IV 8, 9; VII 55
Grimma IX 96, 110, 129; XI 25
Grimmelshausen VI 117
Grimold X 11
Grohmann, Christoph V 120
Grolman I 156
Gronow VII 123
Groß-Carbe XI 104
Groß-Lichterfelde I 142
Großer Kurfürst I 88, 92, 96, 97, 100, 105, 110, 115, 119, 126, 142; VIII 135; XI 78, 96
Großgebauer XII 97
Groth, Klaus VI 137
Grotius, Hugo IV 132
Grumbach, Wilhelm von VI 111
Gruterus, Janus VII 104, 119, 123
Gryphius, Andreas I 87
Guinegate I 19
Gummersbach I 140
Gumpenberg, Ambrosius von I 32
Gumpert XI 109
Gundobad VIII 11
Günther von Schwarzburg, Graf IV 58
Günzburg f. Eberlin von
Gustav Adolf, König von Schweden I 59, 60, 97
Gutenberg, Johannes X 93
Guy de Chauliac III 38, 39, 42, 55

Häberle, Joh. Jak. V 102
Habsburg, Grafen von V 121
Hagedorn VI 136
Hagelsheimer-Held, Friedrich VIII 49, 134
Hagen, König II 32; IV 32; X 28
Hagen, Johann II 60
Hagenau VIII 90
Hahnemann, Samuel III 121
Halberstadt IV 59; IX 102; XI 17, 53, 81, 97, 123

Halfred Vandraedaskald II 12
Hall XI 91
Halle-Saale III 117, 125; V 107; VII 129, 131; IX 117, 126, 131, 133; XI 81; XII 40, 70
Haller, Albrecht von III 117, 126
Haller, Hieronymus II 43
Hamburg II 83, 100, 102, 108, 112, 113, 115, 118, 119, 122, 123, 125, 127, 129; III 29, 36; IV 129; VII 112, 119; VIII 12, 24, 38; IX 50, 96, 97, 131; X 72, 95; XI 64, 71, 75, 84; XII 26, 70, 100
Hameln III 116; XI 75, 100
Hamm I 140; IX 97
Hanau IX 97; X 126; XI 98
Hanau, Gräfin von V 42
Hannover IX 61, 125; XI 34, 42
Hans Werner von Billingen VI 95
Harsdörffer II 120
Hartmann, Andreas XII 110
Harun XI 7
Harvey, William III 100
Haug von Werdenberg, Graf V 20
Hautsch, Gottfried V 68; VIII 38
Hautsch, Hans (Johann) VIII 37, 38
Hautt, David IV 90
Haydn XII 143
Hebel VI 137
Hecker, Johann Julius IX 131
Hedwig, Herzogin von Braunschweig und Lüneburg V 27
Hedwig, Herzogin IX 66
Hegel VII 121
Hegius, Alexander IX 68
Hegner zur Sonne IV 128
Heidelberg III 25, 64, 101, 114; IV 72; V 56, 80, 107; VII 28, 54, 62, 77, 113, 115, 123; VIII 97; IX 25, 26, 31, 68, 90, 99; XI 84
Heidenau XII 84
Heilbronn VI 108
Heim, Dr. III 118
Heiman, Dr. II 79
Heine IV 131; IX 48
Heinemann, Emanuel XI 104
Heinrich, Bischof von Augsburg VIII 17
Heinrich, Bischof von Worms VIII 41
Heinrich III., Kaiser V 13; X 41

Heinrich IV., Kaiser I 12; V 13; VI 30, 32; XI 11, 15
Heinrich V., Kaiser VI 30; X 40
Heinrich, Herzog von Braunschweig VII 99
Heinrich VI., Herzog von Liegnitz XI 12
Heinrich VII., König VIII 40
Heinrich der Erlauchte, Markgraf von Meißen XI 15
Heinrich der Löwe I 7; VI 80; VIII 17
Heinrich der Teichner VI 57
Heinrich, Erzbischof von Köln XI 17
Heinrich Julius, Herzog von Braunschweig I 68, 86; IV 64
Heinrich, Herzog von Groß-Glogau und Crossen V 113
Heinrich von Sachsen XII 15
Heinrich von Sachsen-Barby XI 82
Heinrich von Veldeke X 28
Heinsius VII 107
Heister, Lorenz III 125, 126
Hel III 6, 132
Hela III 27
Helbling, Seifried VI 34
Helfenstein, Graf von VI 108
Heller, Jakob II 53
Helmold II 15
Helmont, van III 95
Helmstedt III 25, 101, 126; VII 102, 123; IX 77, 82; XI 124
Heman von Offenbach X 89
Hemmerlin, Felix IV 119; VII 55
Hemmingstedt VI 114
Henke, Heinr. Phil. Conrad XII 133
Henlein, Peter VIII 36
Henneberg, Graf von V 113; XI 41
Henneberg, Grafschaft XII 39
Henricus de Saxonia III 87
Henricus Euticus de monte Norico III 65
Henselin X 91
Herborn IX 97
Herber IX 123; XII 129
Herelius III 105
Herford X 126
Heribert III 28
Hermann der Lahme VII 14
Hermann, Landgraf von Thüringen X 39
Hermann Lienhard III 82

Hermann von Fritzlar X 31
Hermbstädt, H. III 117
Hermes XII 136
Herrad von Landsberg V 63; VII 12
Herrenhut II 126
Hersfeld V 84
Herz X 119
Heslob IX 114
Heßberg, Frau von III 113
Heßhusius, Tilemann VII 99; XII 57, 58
Hessus, Helius Eoban VII 68, 70, 73, 74, 77, 80, 85; IX 96, 112; XII 41, 63
Hevelius VII 138
Heyde, Friedrich II 66
Heyne, Christian Gottlob VII 130; IX 123, 133
Hieronymus, Heiliger VII 7, 10, 75; IX 6
Hiesel, der bayrische VI 138; X 104
Hildebrant X 28
Hildegard, Heilige III 47; VII 12
Hildesheim III 35; VII 25; IX 17, 77; XI 34, 52
Hilperd, Caspar IV 128
Hilpert V 69
Hinrich von der Wele II 41
Hiob III 54
Hipler, Wendel VI 108, 110
Hippokrates III 14—17, 26, 65, 90, 91, 93; VII 48, 49, 64
Hirsch, Gebrüder XI 98
Hirsch, Isaak XI 97
Hirschau III 11
Hirschel, Abraham XI 118
Hirschfeld III 125
Hitzel, Hans Kaspar VI 137
Hobbes IV 132
Hochmann von Hohenau, Christoph XII 101
Höchstetter II 46
Hochstetter, Joh. Andreas XII 118
Hochstraten, Jakob van VII 76
Hocker I 105, 109, 112
Höder III 6, 131
Hof IX 109
Hoffmann, Friedrich III 117
Hoffmann, Joh. Moritz III 96
Hoffmann, Lienhart III 78
Hoffmann von Fallersleben VII 134
Hohenasperg XI 88
Holbein, Hans V 96; VI 97; XII 78

Holstein, Herzog von I 122
Holzhausen, Blasius von V 115
Homer VII 9, 70, 91; IX 114, 122
Honorius, Papst III 13, 105
Horaz VII 75; IX 16, 68
Horb IX 61
Horenburg, Anna Elisabeth III 112
Hortleder VII 113
Höxter V 102
Hoym, Graf XI 126
Hrabanus Maurus IX 12
Hringhorn III 131
Hrodgar X 9
Huber, Joh. Chr. X 108, 110, 124
Hufeland, Chr. Wilhelm III 122, 123
Hügel XII 57
Hugo III 120
Hugo von Trimberg IX 18, 61
Hülsen, von I 141, 146, 148, 152
Hülß, Dr. Achaz II 92
Hulst I 43
Humboldt, Alexander von VII 121
Hundt, Magnus III 28
Hurter IV 100
Huß, Johann X 126
Husum IV 129
Hutten, Froben von V 18
Hutten, Ulrich von III 62; IV 83; VII 68, 75, 77, 85; IX 32
Hutter, Elias VII 115
Hyerokin III 131

Ilfeld IX 101, 111
Ilsan I 45; X 44
Ilsung II 88
Imhof, Joachim I 32, 50
Imhoff, Jörg II 95
Imhoff, Peter II 66
Imhoff, Wilhelm II 94
Immermann VI 137
Ingelheim X 41
Ingolstadt VI 110; VII 28, 41, 64, 77, 108; VIII 96; IX 26, 28, 68; XI 67
Ingolstaedter, Johann XI 104
Innocenz III., I 11; XI 25
Innocenz IV., IV 63; XI 20
Innsbruck II 78; IX 77

Jpp, Jörgen X 125
Isaak V 13; XI 23, 53
Isaschar XI 100
Ischerlein XI 88
Isenburg, Graf von XII 67
Iso IX 13
Isokrates IX 114
Isolde X 25
Israel ben Manasse XI 72
Itzig XI 80
Itzig, Daniel XI 126
Ivo, Heiliger VII 33

Jacklein über Rhein V 117
Jacobs, Friedrich XII 138
Jacobson, Israel XI 123, 124
Jahn, F. L. IX 122
Jakob, Conrad XI 110
Jakob von Vitry II 35
Jamnitzer, Christoph VIII 34
Jamnitzer, Wenzel VIII 34, 35
Janssen, Hans III 100
Janssen, Zacharias III 100
Jasche XII 78
Jeckelmann, Franz V 110, 111
Jeckelmann, Magdalene V 110, 111
Jena III 25, 100, 101; IV 107; V 38, 40; VII 103, 116, 124; VIII 38, 97; IX 19, 77, 84, 86, 126
Jenner III 121
Jensen III 121
Jerome, König von Westfalen XI 123, 125
Jerusalem XI 32, 39, 64
Jesi III 13
Joachim I., Kurfürst von Brandenburg VII 62; XI 34, 42
Joachim II., Kurfürst von Brandenburg VI 124; XI 88; XII 24
Joachim Friedrich, Administrator von Magdeburg I 35
Joachim Friedrich, Kurfürst von Brandenburg XII 71
Jöcher VII 25, 122
Johann der Beständige XI 52
Johann, Kurfürst von Sachsen XII 26
Johann II., Bischof von Würzburg III 45
Johann II., Erzbischof von Mainz XI 25

Johann Dietrich, Graf von Löwenstein-Wertheim
V 19
Johann Friedrich, Herzog von Württemberg
V 30
Johann Friedrich, Kurfürst von Sachsen XI 39;
XII 28, 30, 42, 44
Johann Georg, Kurfürst von Brandenburg
VI 124
Johann Georg III., Kurfürst XII 112
Johann, Herzog von Bayern VIII 41
Johann, Markgraf von Brandenburg V 21
Johann Philipp, Bischof von Würzburg XI 84
Johann Stephan von Calcar III 70
Johann von Caub III 69
Johann von Nassau, Graf I 70, 73, 99'
Johann von Paris III 38
Johannes, Evangelist VII 33
Johannes der Fiedler X 88
Johannes, Stadtarzt III 21
Johannes Teutonicus VII 27
Johannes von Brünn IV 54
Johannes von Salisbury VII 43
Jonas, Justus IX 71; XII 15, 23
Joppel, Michael IX 42
Jordanis VII 7, 8
Josel von Rosheim XI 38, 44
Joseph, Heiliger VIII 98
Joseph I., Kaiser IV 113
Joseph II., Kaiser VI 139; XI 116, 119, 120
Josephus VII 17
Judas (Hermann) von Köln XI 8
Judith, Herzogin von Baiern XI 23
Jülich IX 102
Julius, Herzog von Braunschweig und Lüneburg
V 27; VII 102
Jungius, Joachim VII 109, 112, 138
Jung-Stilling VI 134
Justinianus IV 74; IX 61
Juvenal IX 16

Kaiser, Hans VIII 88
Kaisersberg s. Geiler von
Kaiserswerth I 109
Kaltensundheim XII 68
Kameke, von II 50
Kaner, Sebald VIII 79
Kandel, David III 69

Kant, Immanuel VII 121, 132
Karl III., König von Spanien I 106
Karl IV., Kaiser III 25, 26; IV 50; V 14;
VII 27, 62; VIII 18, 42, 46, 126; X 88;
XI 12, 18, 23
Karl V., Kaiser I 32; III 32; IV 102; V 42,
90, 91; VII 80; VIII 131; XI 70
Karl VI., Kaiser XI 80
Karl Alexander, Herzog von Württemberg XI 84,
Karl August von Weimar VII 9   [88
Karl der Große II 12, 16, 17, 23; III 11, 12,
131; IV 14, 36, 43, 56; V 13, 94; VI 12,
14, 26, 82; VII 9—11, 23; VIII 11—14;
IX 6, 8—12; X 8, 14, 16, 38—40, 42; XI 7;
XII 101
Karl der Kühne, Herzog von Burgund X 60,
92, 98
Karl Emil, Kurprinz I 128; VII 125
Karl Friedrich von Baden VI 132, 140
Karl Gustav, Prinz von Schweden VIII 37
Karl Ludwig, Kurfürst von der Pfalz V 38
Karl Wilhelm Ferdinand, Herzog von Braun-
schweig XI 123
Karlsbad III 89
Karlstadt VII 103; IX 37
Karolus medicus III 21
Käsebier X 127
Kassiodorus VII 10
Katharina, Heilige VII 33
Katharina, Herzogin von Braunschweig V 9
Katharina, Herzogin von Sachsen V 11
Katzleben, Frau von III 113
Kauen II 63
Kempten IV 97; V 82; VI 82, 83
Kepler, Joh. VII 104, 109, 110, 113, 126
Kessenbrunn IV 110
Kiel III 101
Kienbergerin, Witwe VIII 50
Kiew II 17
Kircher, Polyhistor Athanasius VII 109, 140
Kirchhoff, H. W. X 71
Kitzingen V 89; XI 42
Klagenfurt X 126
Klausnarr VI 95
Klein-Geschwenda V 83
Kleinlawel III 61
Kleist, von I 143

Kleon IV 105
Klingenberg, Hans von XI 24
Klingsor VII 56
Klopstock XI 120
Klostermayer, Matthias X 104
Klosterneuburg V 84
Knapp, G. F. VI 124
Kneipp III 121
Knipstro XII 26
Koblenz II 17; VIII 64; X 125; XI 17
Koburg V 48, 80, 84; IX 97; XI 104
Kochstädt V 11
Köferlin, Anna V 68
Köbler, von I 143
Kolberg XII 41, 78
Kolmar III 28; VIII 91; X 39
Köln-Rhein I 19; II 33, 34, 36, 70, 78, 112,
   113; III 28, 132; IV 43, 45, 100; V 39, 42,
   75, 97, 106, 122, 124; VII 13, 25, 28, 30,
   33, 39, 64, 80, 83; VIII 14, 23, 28, 45, 46,
   48, 64, 105; IX 25, 32, 35, 57, 68; X 7, 51,
   58, 114; XI 8, 17, 28, 66
Königsberg i. Pr. II 70, 118; III 25, 108;
   VIII 130; IX 77; XI 81
Königsberg i. Thür. XII 76
Königshofen VI 110, 111
Königsmark, Graf XI 73
Kolreuter III 66
Konrad, König IX 15
Konrad I., Kaiser VII 13
Konrad II., Kaiser VI 19; IX 14
Konrad der Arme VI 101, 102
Konrad, Markgraf XI 17
Konrad von Ammenhusen III 28
Konrad von Fußesbrunn V 99
Konrad von Würzburg II 24; III 55
Konradin X 53
Konstantin der Große III 55; XII 101
Konstantinopel II 9, 19; XI 42, 50
Konstanz II 18; III 28, 52, 136; V 86; VIII 89;
   X 64; XI 32, 82
Kopenhagen XI 75
Kopernikus VII 96, 98, 109, 126
Körber, Claus X 106, 107
Körner, Christian Gottfried V 23
Körner, Theodor V 23, 40
Kortum IX 124

Korvei s. Corvey
Rosegarten XII 143, 144
Krakau II 40, 41
Kramer, Jodokus II 38, 79
Kräusel, Hans V 120
Krefeld VIII 136
Kremer, Hans III 35, 36
Krems V 99
Kreß von III 82
Kriegk IV 113
Kriemhild IV 32; X 28, 30, 40
Krüger XI 43
Krummfinger, Balthasar X 104
Kulmbach XII 44
Kunhofer, Konrad VII 59
Kunigunde, Heilige IV 30; VII 70
Kuppener II 78
Kurtschow XII 83, 84
Kurz, Christoph II 84
Küstrin IV 139

Labeo s. Notker
Labes IX 102
Laistner, Ludwig X 48
Lamalitlin X 105
Lambert le Bègues III 46
Lambert von Ardre X 23
Lamprecht VI 99
Landshut VIII 64; XI 8
Lanfranchi III 38
Lanfrank VII 21; IX 18
Lang, Karl Heinrich, Ritter von V 57, 69
Lange, Arzt III 67
Lange, Theolog VII 131
Langenstein, Heinrich von VII 48
Lauban V 85
Lauf V 29
Lauginger, Anton II 45
Lauginger, Narciß II 45
Lauingen VII 25
Lauterbach X 58
Lavoisier III 116
Lazarus, Orden des hl. III 24
Lazarus, Jude XI 70
Leeuwenhoek III 100
Lehen VI 100
Leib, Kilian II 78

Leibniz I 109; II 100; VII 125, 129, 134, 138, 140, 142; IX 125; XI 100
Leiden f. Leyden
Leipheim VI 107, 108
Leipzig II 78, 108, 118, 119, 122, 123; III 28 62, 101; V 66, 84, 107, 118; VII 28, 31, 36' 39, 53, 64, 70, 103, 114, 129, 140; VIII 96' 109; IX 25, 26, 31, 33, 34, 68, 123, 126; XII 15, 16, 30, 44, 70, 89
Leisnig V 118
Lembach XII 81
Lennep II 128
Leo, Heinrich V 76
Leo, Jude XI 24
Leopold I., Kaiser XI 80
Leopold I., Markgraf von Österreich X 40
Leopold II., VI 140
Leopold, Fürst von Anhalt Dessau I 97, 116, 128, 129, 131; XI 76, 110
Leopold, Heiliger IX 34
Leopold, Herzog von Österreich I 8
Lessing I 151, 152; VII 130, 134; IX 123, 129; XI 118, 119
Leuchtenburg XII 57
Leuschner, Margarethe V 125
Leuthen I 147, 151
Leuwenberg, Jakob von V 79
Levi f. Berend
Levinus, Heiliger III 11
Leyden III 25, 99, 101, 118, 125; VII 120
Leyser, Polykarp VII 140; XII 92
Libavius, Andreas III 95
Liechtenberger, Vincent III 95
Lichtenstein f. Ulrich von
Lichtwer VI 136
Liebermann XI 64
Liegnitz III 112
Ligny I 32
Liliencron, R. von XI 64
Liliis, Thomas, Bernhard be X 115
Limoges VIII 10
Lindau VIII 16, 46
Lindener XI 52
Lindner IV 42, 45
Lingg, Hermann III 57
Linné, Carl von III 116
Linz II 114

Lippmann XI 52
Lippold XI 88
Lippstadt III 124
Lipsius VII 107, 119
Lissa VIII 137
Lissabon II 40, 47, 48, 80
Liudgar II 12; X 9
Liutfred von Mainz II 17
Liutger f. Liudgar
Livius VII 75; IX 74, 115
Löb aus Dornburg XI 41
Lobositz I 140
Lobsinger, Hans VIII 36
Locher, Jacob VII 72, 80
Locke IX 120
Lockwitz XII 115
Loder X 91
Logau I 79; V 111
Löhner VIII 38
Lombarden I 8
London II 40, 41, 63, 69, 129; XI 75
Lonitzer, Adam III 83; XI 53
Lorch VI 108
Lorenz, Heiliger IX 106
Löscher, Valentin E VII 136; XII 118
Lübeck II 24, 34, 36, 50, 53, 66, 80, 108, 123; III 24, 57, 136; IV 115, 127; VIII 24, 48; IX 96, 97; X 125; XI 32, 34; XII 40
Lucca II 40, 91, 95, 96; III 89; V 126
Lucian X 13
Luder, Petrus III 62; VII 62, 72, 74, 89
Ludwig IX. von Frankreich X 37
Ludwig XI. von Frankreich III 104
Ludwig XIV. von Frankreich VII 143; IX 120; XI 75
Ludwig XVI. von Frankreich XI 122
Ludwig der Baier I 73; VIII 17, 46
Ludwig der Fromme VII 11; IX 12; X 14
Ludwig, Fürst von Anhalt VII 121
Ludwig, Herzog von Württemberg V 27
Ludwig, Michael XII 78
Ludwig, Wolffgang III 20
Lufft, Michael XII 64
Luise, Raugräfin V 38
Lukanus IX 16
Lukas, Heiliger III 8; VIII 98
Lukas van Leyden VI 98

Lullus, Raimundus VII 41
Lundorp, Kaspar VII 113
Lüneburg II 50; XI 34
Luther, M. I 54, 86; II 78; III 40, 71, 72, 129;
  IV 83, 84; V 34, 47, 48, 51, 85, 94, 99,
  103; VI 92, 99, 103, 104, 110, 134; VII 7,
  35—37, 50, 66, 72, 83, 86, 90, 92, 97—99,
  100, 103, 104, 107, 109, 113, 114, 140;
  IX 28, 37, 46, 51, 55, 57, 71—75, 86, 96,
  99, 110; X 68, 69, 93, 126; XI 39, 48;
  XII 10, 14, 22, 23, 25, 27, 30, 37, 38, 42,
  44, 51, 53, 54, 74, 140
Lüttich IX 17, 68
Luzern III 136; IV 90, 97, 124; V 10
Lyck IX 102
Lyon II 40, 45—47, 50, 84; V 109

Machleid, J. E. III 78
Machtolf XII 108
Madeira II 48
Maffipeter, Steffano X 113
Magdalena, Heilige X 64
Magdeburg I 14, 45; II 12, 14, 16, 18, 31, 33;
  III 28, 29; V 28; VII 55; VIII 23, 45, 46;
  IX 17; XI 8, 33, 34, 53, 55, 59, 91, 94;
  XII 57
Magnus, Heiliger zu Regensburg IV 120; X 78
Mailand I 44; II 40; V 61, 108
Mainz II 12, 18, 83, 112; III 45; VII 15, 28;
  VIII 27, 28, 74, 92; IX 12, 14, 17; X 88,
  101, 104; XI 8, 33
Majolus von Cluny VII 19
Maler, Valentin VIII 35
Manasse XI 104, 106
Mandeville VI 50
Manegold IX 17
Manfred, König X 33
Manfredi X 118, 119
Manlich II 86
Mansfeld I 85
Mant, Rutger II 63
Manteuffel, Graf VII 131
Manteuffel, von II 50
Manuel IV 82
Marbodus III 12
Marburg III 25; VII 118; IX 65, 77, 82, 90
Marcellus IX 13

Margaretha, Gräfin von Holstein V 121
Margaretha, Heilige V 11
Margarethe, Kurfürstin von Sachsen XI 53
Margarethe, Markgräfin von Brandenburg V 20
Margaritha XI 66
Maria, Jungfrau V 10; VII 70
Maria Magdalena VII 70
Maria Theresia III 120; IV 140; VI 139; X 81;
  XI 80, 116
Maria von Burgund I 19
Maria-Einsiedeln III 90; X 74
Marianus Scotus VII 17
Marignano I 44
Marke von Kurneval X 25
Marner X 30, 54, 55
Maroboduus II 7
Marperger, P. J. II 77, 104, 105, 108—111,
  118, 119, 125
Mars III 57
Marstaller, Christoph XII 70
Martin, Heiliger I 45
Martin von Troppau VII 27
Mästlin, Michael VII 109
Massow, von II 50
Mathesius VII 104; XII 106
Mathias, Kaiser XI 44
Mathilde von Brabant X 37
Matthes, Georg V 96, 130
Maulbronn IX 96
Maulisch, Hans II 106
Mauriceau III 112
Maximilian, Erzherzog V 113
Maximilian I., Kaiser I 19, 41, 157; II 72;
  IV 60; V 63, 90; VII 9, 62, 65; VIII 27;
  X 94, 98, 120; XI 65
Maximilian II., Kaiser VII 113
Maximilian, Kurfürst von Baiern IX 86
Maximilian Heinrich, Erzbischof von Köln X 102
Maximin VIII 15
Mayer XI 125
Mayer, H. III 117
Mayer von Kempten V 117
Maynus, Jason IX 38
Megenberg, Konrad III 13
Meibom VII 140
Meier Helmbrecht VI 34, 41, 49, 51, 76, 79, 80
Meinleb XII 24

Meisel, Mardochai XI 70

Meißen IX 96, 105, 110, 129

Meißner, Benedikt X 105

Mejer, Jonas XI 106

Melanchthon, Philipp III 26, 40; IV 84; VII 70, 80, 85, 89, 95, 98, 100, 103, 104, 108, 113, 114, 121, 140; IX 25, 68, 71, 73—75, 79, 82, 89, 101—112; X 126; XII 15, 22, 33, 41, 42, 57

Melchior III 11

Melchior von Offa XI 41

Mellerstadt III 65

Memminger, August VI 140

Memmingen IX 54, 56, 65, 66, 108, 110, 124

Menchingen X 58

Mendelssohn, Moses XI 76, 116, 118, 123, 125

Mengering, Arnold XII 86, 97

Menglaba III 7

Menius, Justus XII 15

Merian VI 123

Merkur II 11

Merode, Graf I 76

Merseburg XII 44

Meschumet, Selig XI 104

Meseritz XI 42

Meß, H. V 63

Messina XI 28

Meßkirch X 64

Mesmer III 127

Mesue III 14

Mettlinger, Bartholomäus V 33, 36, 38

Metz I 157; XI 75, 110

Metzler, Georg VI 107; XI 37

Meyer, Conrad IV 82

Meyer, Isaak XI 43

Meyer, Rudolf I 82

Meyers, Sophia IV 115

Michael, Heiliger I 45

Michael, Jude XI 55

Michael, Moses XI 101

Middelburg III 100

Miltenberg VI 108

Minus, Heiliger III 12

Miro, König von Gallicien X 17

Mithridates Eupator III 107

Model XI 88

Modena II 96

Möller, Hans V 123

Möller, Lorenz V 123

Mollwitz I 137

Moltke I 157

Mömpelgart V 109

Mondinus III 28

Montague, Lady Wortley III 120

Montanus, Giovanni Battista III 102

Monte Caffino VII 20

Montpellier III 14, 19, 25; V 111; VII 21, 23

Morgarten I 8

Morgenstern, Magister I 129; VII 126

Morhof VII 140

Moritz, Fürst von Naffau XI 110

Moritz, Kurfürst von Sachsen XI 65; XII 28, 48

Moritz, Landgraf zu Heffen I 70, 74; V 30; III 90

Moritz von Oranien I 59

Mörlin XII 57

Moscherosch III 102; VI 117; XI 70; XI 82, 96

Mosellanus IX 112

Möser, Justus I 74, 157; II 127; IV 132, 134; VI 137

Moser, K. von XII 133

Moser, Johann Jakob VII 126

Moses, Hoynum XI 104

Moses, Levin XI 109

Moses, Michael XI 101

Moses von Arnstadt XI 23

Moskau II 17; VIII 34

Moffe von Schaffhausen VIII 55

Mötteli, Rudolf II 43

Mötteli von Ravensburg II 79

Möttlingen XII 108

Mozart XII 143

Muffel, Jakob VIII 128

Muggenhof VIII 88

Mühlberg XI 65

Mühldorf I 73

Mühlhausen V 78; VI 104; VIII 49; X 125; XI 98

Müller, Ambrosius X 126

Müller, Caspar X 126

Müller, Heinrich XII 97

Müller, Johannes XII 101

Müller, Johannes von VII 143

Mumme IX 122

Münch, Johann Philipp II 104, 106, 108, 112, 113, 115
München IV 130; VIII 64, 116, 126; IX 66, X 58; XI 23
Münden II 113
Münster II 34; III 29; V 84; IX 68
Münster, Sebastian X 80
Münsterberg, Graf von V 112
Münzer, Hieronymus III 64
Münzer, Thomas VI 106, 111
Murmellius IX 69, 112
Murner, Thomas I 49; III 44; IV 76, 79; VI 87, 90—92; X 68, 71
Musculus I 66; VII 100, 119; IX 90
Mutianus VII 75, 76, 80, 89, 98
Mutzig X 91
Myconius IX 55, 63
Myrepsus, Nicolaus III 26, 30
Mynsicht III 95

Rabburg VIII 72
Rahmacher, Karl V 104
Napoleon I., IV 142, 143; V 70; XI 122—124
Nathan, Isaak, gen. Ischerlein XI 88
Raumburg II 118; V 83
Rävius IX 101
Neander, Michael IX 101, 111
Neapel II 96; III 33; X 53, 113
Reidhard von Reuenthal s. Reuenthal
Nervier II 6
Nestor III 51
Neubauer I 98
Neuburg II 98
Neuburg a. D. V 28
Neudörfer, Johann VIII 36; IX 98
Neuenaar, Graf Hermann von VII 80
Neuenburg V 79
Neunhof VII 85
Neustadt-Eberswalde VIII 136
Neuß X 98; XI 52
Nicolai VIII 134
Nicolaus von Salerno III 30
Nietharbt von Reuenthal s. Reuenthal
Nistheim III 132
Niglo (Nikolaus), Heiliger V 86
Nigrinus XI 67
Niklashausen VI 99

Nikolaus VI., Fürst von Ratibor V 113
Nikolaus, Heiliger V 85, 86; VI 57; X 31; XI 60
Nikolaus, Praepositus III 14
Nikander III 26
Nilson VI 138
Nithard VII 11; IX 9; s. auch Reuenthal
Norcia III 109
Nördlingen III 62; V 70; IX 61, 70; XI 21, 25, 37, 39, 55, 74, 82, 102
Nordhausen V 85; XI 17, 55
Norpert VII 19
Norwich III 126
Notker, Abt IX 12
Notker der Deutsche IX 41
Notker, Stammler IX 13
Notker, Labeo IX 13; X 11
Notker, Pfefferkorn VII 14; IX 13
Rowgorod II 34, 63, 69
Rufar, Jacob III 87
Nürnberg I 11; II 38, 41, 44, 66, 70, 79, 80, 84, 88, 92, 100, 106, 108, 118, 122; III 21, 24, 32, 38, 45, 47, 56, 62, 64, 73, 76, 78, 105, 108, 122, 124; IV 113; V 9, 11, 13, 27—31, 61, 62, 64, 68, 78, 79, 83, 84, 86, 89, 90, 91, 96, 97, 116, 131; VI 76; VII 65, 68, 88, 136, 138; VIII 27—29, 34, 36—38, 42—44, 46, 48, 49, 51, 53—56, 58, 59, 61, 66, 68, 69, 70, 72—74, 76, 79, 81—84, 86—89, 91, 93—95, 101—107, 110, 112, 114—116, 118—122, 126, 129, 130, 134, 136; IX 42, 51, 53, 56, 66, 71, 77, 86, 88, 96, 97, 102, 106, 115, 129—131; X 57, 58, 64, 82—84, 94, 95, 97, 105, 106, 113—115, 117—119, 123, 126, 127; XI 25, 33, 34, 55, 102, 106, 107; XII 39, 100

Oberammergau IX 112
Oberbergheim VIII 91
Oberlin XII 141
Oberrieden V 120
Oberwesel XI 11, 14
Occam, Wilhelm von VII 40
Deco, Adolf III 76
Odilienberg VII 12
Odin III 6
Oemler, Nikolaus V 99
Oeringer, Josef XI 53

Oesterreicher, Hans II 95
Oetinger XII 115
Oettingen, Graf von XI 21, 23
Oettingen, Gräfin von V 42
Ohlsen, Hans Joachim X 95
Olearius XII 101
Oldecop, Johann X 106
Opitz VII 107, 124
Oporinus VII 113
Oppenheim II 12
Oppenheim, Hans Heinrich von II 53
Orendel X 28, 40, 41
Orleans VII 23
Orsi, Giovanni X 114
Ortolff von Bayrland III 47
Osenbrüggen IV 113
Osiander, Andreas VIII 128; IX 90
Osnabrück VII 13; IX 17, 77
Ostade VI 98
Osten, von der II 50
Otfried VII 17; X 14
Otloh II 42
Ott V 63
Ötting VIII 64
Otto I., der Große, Kaiser II 16; VII 13, 14
Otto II., Kaiser VII 14
Otto, Bischof von Passau VIII 48
Otto Heinrich, Pfalzgraf II 98
Otto, Markgraf XI 17
Otto von Freising VII 20
Otto von St. Blasien VII 20
Ottokar X 93
Ovid VII 13, 43; IX 16, 46, 68
Oxford X 46

Padua III 14, 25, 33, 62, 100, 102, 107; IV 71;
   VII 21, 23, 25, 84
Paffnuzius X 108
Palermo III 135
Pancratius, Andreas IX 109
Pappendorf XII 64
Pappenheim, Erbmarschall von XI 55
Paracelsus, Philippus, Theophrastus Bombastus
   von Hohenheim III 76, 90, 91, 93, 95; IV 115,
   127; VII 92, 93
Paré, Ambroise III 82, 86, 87
Paricius, Georg Heinrich V 97

Paris I 105; II 40, 79, 129; III 14, 15, 25,
   125; IV 71; VII 23, 25, 27, 28, 45, 51;
   VIII 10, 48; IX 9, 12, 18; X 44, 46, 64, 88,
   115; XI 122, 123
Pariset X 88
Parkenstein VIII 17
Passau VIII 64; XI 64
Paul III., Papst VII 80
Paul, Jean XII 138, 143, 145
Pauli, Johannes VI 95
Paulin, St. VIII 15
Paulini, Antonio X 6
Paullini III 106
Paulus, Apostel III 8; IV 83; XII 36
Paulus, Diaconus VII 7—9
Paumann, Jakob III 79
Paumgartner, Balthasar II 89; III 89; X 64, 126
Paumgartner H. II 49, 58, 89, 92, 94—96, 98
Paumgartner, Magdalene, geb. Behaim II 89
Pautinger XI 38
Pavia I 20; III 25, 40; VII 84
Peipus, Friedrich III 122
Pergami Francesco X 115
Perregaux, Frau IV 68
Persius IX 16
Perugia IV 71; VII 21
Pestalozzi, Heinrich VI 137; IX 133
Peter von Cluny XI 18
Peter von Pisa VII 9
Petrus Alponensis III 105
Petrus, Apostel I 44, 48; VIII 15
Petrus, Archiater III 8
Petrus, Lombardus VII 40, 49, 50, 64; IX 75
Petrus medicus III 21
Petrus zu Boltingen V 25
Petzolt, Hans VIII 34
Peucer, Kaspar VII 104
Peurbach, Georg VII 62
Peutinger, Dr. Konrad, II 46; VII 80, 88, 127
Peutinger, Margaretha VII 88
Peyligt, Johannes III 28
Pfaff III 125
Pfalspeunter, H. von III 38, 39, 43
Pfeffers III 50
Pfefferkorn, Jude XI 66
Pfinzing, Martin V 9
Pfolspeundt s. Pfalspeunter

Pforzheim X 74
Philander von Sittewald III 75, 136; XI 70
Philaretos III 14
Philipp von Allendorf XI 42, 66
Philipp, Herzog von Baiern V 113
Philipp, Kurfürst von der Pfalz VII 62; XI 51
Philipp von Hessen, Landgraf I 31, 42, 50; XI 39; XII 19, 28, 46, 90
Philippus, Theophrastus Bombastus von Hohenheim s. Paracelsus
Photylides IX 114
Phol III 6
Phries, Laurentius III 28, 87
Phrysen s. Phries
Piccolomini, Octavio V 65
Viger, Fritz VIII 79
Pinkus XI 119
Pinto, de XI 72
Pippin IX 8
Pirkheimer, W. III 62; V 91; VII 11, 80, 83, 84—86, 88, 91, 95, 127
Pisa III 25, 135
Pistolozius, Vincentius X 105
Pius II., Papst VII 62; X 54
Planck, G. J. XII 130, 133, 140
Platearius III 43
Platen, von III 130
Plato VII 93
Platter, Anna V 120
Platter, Esther geb. Groß V 120
Platter, Felix V 22, 39, 40, 58, 59, 63, 74, 77, 79, 107, 109, 111, 112, 120, 122, 123, 125; X 87
Platter, Margarethe V 122
Platter, Thomas V 8, 13, 22, 34, 37, 38, 44, 57, 65, 73, 102, 127; IX 41, 55, 58, 59; X 73, 87, 106
Platter, Ursula V 111, 122, 123
Plautus I 66, 86; VII 75, 91; IX 59, 68, 69, 78, 129
Pletsch, Salman XI 29
Plett III 121
Pletten, Wilhelm X 126
Pleydenwurff III 135
Plinius III 14; VI 7, 89; VII 75; X 7
Ploben, Martin von VIII 128
Plumers (Plombières) III 51

Plutarch II 6; IX 114, 129
Podiebrad von Böhmen V 112
Poggio VII 61
Poitiers II 40
Polack, Martin XI 104
Poll III 101
Pollich, Martin, gen. Mellerstadt III 65
Porto II 129
Porto, Oswald X 123
Potsdam III 126; XI 97
Praetorius IX 47, 107
Prag II 102; III 25, 26; V 91; VII 22, 28, 55; IX 24, 25, 33, 34, 89; X 124; XI 82
Praun, Hans II 95
Preising, Ulrich von V 114
Prierias, Sylvester VII 99
Priesnitz III 121
Priscianus IX 46
Priscus VIII 9
Prokopius III 57
Prüfening V 105
Ptolomaeus VI 9; VII 64; IX 78
Pufendorf, Freiherr Samuel I 109; VII 126, 142
Puntrut V 109
Pütter VII 143
Puysegur III 127
Pyrmont III 89
Pythagoras IX 114

Quedlinburg XI 12, 23
Quesnay VI 132
Quirinus, Heiliger III 57
Quitzow, von II 50

Rabener XII 138
Ragewin VII 17, 20
Ramus, Petrus VII 130
Ranke, Leopold von VII 121
Ranstädt VI 95
Ranzau, Graf Christoph VI 138
Ranzau, Graf Hans VI 138
Raphael VII 91
Rappoltstein, Schmaßmann Herr von X 89, 91
Rappoltstein s. a. Wilhelm I.
Rappoltsweiler X 91
Rathenow I 109
Ratichius s. Ratke

Ratke (Ratichius) Wolfgang VII 127; IX 115
Ratpert IX 13
Rauchfaß, Johann II 67
Rauscher, Hieronymus V 66
Rauwolf, Leonhard VII 118
Ravenna VIII 41
Ravensburg X 89
Rebekka V 13
Regenbogen, Barthel X 55
Regensburg II 12, 17, 36, 113, 114; V 53, 80, 97; VII 9, 25; VIII 42, 64, 87; IX 56; X 108; XI 29, 64, 65
Regensburg s. Berthold von
Reggio II 96
Regino von Prüm II 14
Regiomontanus V 107; VIII 36
Regnier de Graaff III 100
Rehwaldt, Christoff V 97
Reichenau III 11; VII 9, 14, 17, 19; IX 13, 17
Reicheneck V 29
Reichenhall VIII 64
Reineccius VII 107
Reinfried von Braunschweig X 34
Reinhart V 105
Reischach, Bilgrim von II 75; XI 24
Reiske, Johann Jakob VII 142
Rem, Joseph Abaramathia V 127
Rem, Lucas II 44, 45, 46, 48, 50, 53, 58, 60, 62, 63, 73, 80; V 22, 108, 127
Rembrandt VI 122
Remigius VIII 15
Renneisen, Kunz VIII 114
Reovalis, Archiater III 8
Rereg II 14
Reuenthal, Neidhard von I 49; VI 34, 70, 71; X 24; XI 62
Reuchlin III 62; VII 66, 68, 76, 80, 98; XI 52, 66
Reuter, Fritz V 103
Reuter, Quirinus VII 115
Reval II 50
Rewich, Erhard III 69
Reyher, Andreas IX 116
Rhabanus, Maurus VII 12, 13, 15, 17; X 11
Rhagius, Aesticampianus Johannes VII 75
Rhazes III 14
Rheden, von XI 42

Rhegius, Urban XI 52
Rheims IX 18
Rheurdt V 95
Rhodomannus VII 107
Richerd, Jakob II 63
Richier, Jan II 45
Richmuth, Frau III 132
Richolf, Rheingraf III 24
Ridinger, Joh. Elias V 68
Ried VIII 64
Riedesel, Frau von III 120
Riehl, W. H. VI 87, 97, 119, 134, 135, 137, 141, 142
Ries, Moses XI 98
Riese, Adam IX 99
Riesser, Gabriel XI 127
Riga II 53
Rimpar VI 111
Rinck, Eucharius Gottlieb VII 136
Rinda III 6
Rio, del X 80
Rischach, Frau von V 125
Rist, Johann I 86
Rivius, Joh. XII 20
Robert, Hans Georg X 118
Robert, Prinz III 18
Robert von Frankreich X 37
Rochlitz, Herzogin von III 113
Rochus, Heiliger III 11
Rodrigez, Enrico XI 71
Roemer II 7
Rohrbach, Jäcklein VI 107
Rolandi, Nicolai X 114
Rolfinck, Werner III 100
Rom I 27, 106; II 47, 96; IV 6, 63, 99, 120; VI 84; VII 123
Roscellin VII 40
Rösel, Franz XI 125
Rosenberg, A. von II 49
Rosengart, Hans VIII 64
Rosenplüt, Hans I 11; X 60
Rosenstein, Anna von V 45
Rosheim X 91
Rösing, Peter X 123
Rössing, von XI 37
Rößlin, Eucharius III 87; V 9
Roßner, Jakob VIII 79

Roſtock III 29; V 29; VII 28, 112, 138, 68, 71

Roswitha von Gantersheim VII 12

Rötenbeck, Michael III 95

Roth, Conrad II 86, 87

Rotharis, König VIII 11

Rothenburg ob der Tauber V 81; VI 108; XI 28, 53

Rother, König X 28, 30

Rothſchild XI 127

Rott, Wolf II 66

Rouen X 51

Rouſſeau, Jean Jacques IV 134; IX 120, 121

Rückingen, Claus von II 53

Rudolf I. von Habsburg VIII 41; X 41, 42, 44, 53; XI 70

Rudolf II. Kaiſer, III 33; X 124

Rudolf IV. Erzherzog VII 28; VIII 41

Rudolf von Ems II 18, 29

Rückert, Friedrich III 122

Rüdiger, Biſchof von Speier II 15

Rueff ſ. Ryff, Walter

Rufach (Ruffach) VIII 89; XI 18

Rugendas, Chriſtian VI 138

Ruland, Ott II 56, 59, 60

Rumesland X 30

Ruprecht, Knecht V 86; VI 67

Ruprecht I, Kurfürſt von der Pfalz VII 28; X 88

Ruprechtsberg b. Bingen III 47

Ryff, Andreas V 74, 98, 109

Ryff, Walther III 85, 87; V 19, 33, 36, 38

Rynck, Doktor II 79

Saalfeld XII 10

Saarburg XI 14

Sabbatai Zewi XI 75

Sachs, Hans I 48; II 78; III 132; V 13, 60, 61, 105; VI 95, 96; VIII 63, 64, 87, 123, 124, 126; XI 66

Sack XII 136

Sackmann, Jobſt V 102

Salda Smogil XI 11

Salerno III 11, 13, 14, 16, 17, 19, 30, 33, 40; VII 21

Salluſt IX 16

Salvino degli Amati III 43

Salzburg VI 84; VIII 64

Salzmann IX 121; XII 142

Salzwedel, Nic. XII 115

Samo II 10

Sanct Blaſien VII 20

Sanct Denys II 12

Sanct Gallen III 11; IV 53, 120; VII 9, 14, 19; VIII 12, 13; IX 12, 13, 14, 15, 17, 41; X 11, 114

Sanct Martin IX 10

Sanct Pölten X 51

Sand IX 129

Sauber, Johann X 115

Saphir III 123

Sapidus, Johannes IX 59

Sarcerius, Erasmus XII 53, 64

Saſtrow, Bartholomäus V 57, 130; XI 55

Saub, Hans IV 64

Saubert Joh. XII 83

Scaliger VII 107

Schaffhauſen IV 119; V 21

Scharnhorſt, von I 157

Schedel, Hartmann III 62, 63, 64, 135; VII 59, 113

Scheele III 116

Scheible IV 120

Scheiner VII 109

Scherpelin, Claus II 65

Schertlin, Sebaſtian I 31, 39

Scheurl, Chriſtoph II 43, 44; VII 88; IX 42

Schick, Johannes II 112

Schildknecht, Wendelin I 88, 89, 90, 118

Schiller, Charlotte von V 40

Schiller, Friedrich von III 125; V 23; VII 130; IX 123; X 101

Schiller, Karl von V 38, 65

Schiller, Karoline von V 38, 40

Schilling, Pankraz X 125

Schinderhannes X 104

Schleicher, Margaretha V 63

Schleiermacher VII 143; XII 132, 134

Schleswig II 14

Schlettſtadt VIII 90; IX 59; X 91

Schloxer XI 114

Schlüſſel VII 109

Schmaßmann ſ. Herr von Rappoltſtein

Schmidt, Friedrich VIII 84

Schmul XI 12

Schmul, Rabbi XI 52
Schnauzius Rapuntius X 108
Schneeberg X 125
Schnyder III 43
Schönberg, Barbara von V 53
Schoner, Johannes IX 96
Schorndorf VI 102
Schroeter von Weißenburg IV 90
Schroth III 121
Schubart VI 137
Schubbart II 106, 108, 109
Schubt XI 108
Schuler, Endres V 108
Schulpforta IX 96, 101
Schuppius, Balthasar VII 123; IX 95; X 72;
    XII 83, 90, 92, 94, 97
Schurtzfleisch, Conrad Samuel VII 140
Schwab XI 110
Schwäbisch-Hall IX 61
Schwalbach III 128
Schwarz, Berthold I 9; VII 48
Schwarz, Matthäus V 125, 130
Schwarz, Veit Conrad V 98, 108, 109
Schwarzburg, Graf von XI 23; f. a. Günther
Schweidnitz I 146
Schweinau VIII 103
Schweinichen, Hans von V 57, 94, 130
Schwerin in Posen XI 42
Schylhaus, f. Gersdorf, Hans von
Scribonius III 67
Scriver XII 97, 98
Sebaldus, Heiliger VII 70; IX 106
Sebastian, Heiliger III 11
Seckendorf, Graf I 116
Sedulius IX 69
Seegebart I 147
Seesen XI 124
Seidel XII 124
Seidel, Bruno III 66
Seiblitz, von I 137; V 69
Seippel, Joh. Jakob V 29
Selig, Böhmisch XI 104
Seligmann XI 64
Semenzati, Pietro X 114
Semler, Johann Salomo VII 126
Sempach I 18
Seneka IX 16

Sens X 51
Serapion III 14
Sessa XI 127
Seume I 154; VI 135, 136
Shakespeare I 86; IV 114; XI 61
Shylock IV 114
Sickingen, Franz von I 42; VI 104; VII 78
Sidonie, Herzogin von Sachsen V 20, 26
Sidonie, von Braunschweig V 19
Siebeneich IV 15
Sieber IV 79
Siegemund, Justine III 112
Siegen I 99; IX 66
Siegfried IV 32; VI 74; VIII 8; X 28, 30, 31,
    40
Siegfried von Dietrichstein VI 103
Sighvat II 12
Sigismund, Kaiser III 21; IV 53, 59; V 90;
    VI 99; VII 62; X 77, 79
Sigismund, König von Böhmen II 38; XI 26
Sigmaringen V 91
Sigolzheim X 58
Silberschlag XII 135
Simon von Trient XI 20
Simplicissimus XI 70
Sleidanus VII 91
Slypper, Hinrych II 60
Soest II 34; IV 43, 44
Sokrates IX 129
Solms, Graf von III 69
Sommer III 112
Sommerfeld XII 78
Sophokles IX 129
Sörgel II 127
Spalding XII 130, 140
Spandau I 105, 110
Spangenberg V 105
Sparr I 94
Speier II 15, 18; III 29, 43; V 32, 130; VI
    111; VIII 45, 46, 78, 89, 98; IX 17; X 64;
    XI 11
Spener, Ph. Jak. VII 126; XI 115; XII 90, 101,
    102, 107, 108, 110, 112, 118
Spervogel X 41
Spinoza VII 130; XI 72
Spitzkoppel XII 19
Stabius VII 62

Staffelstein IX 99
Stahl, Georg Ernst III 98, 117
Staßfeld V 117
Statius IX 16
Steffani, Johannes II 79
Steffens VII 143
Stein VI 140
Steinberger I 134, 142, 147
Steiner V 109
Steinhofer XII 115
Steingaben VIII 17
Steinmetz, Freischöffe IV 52
Steinmetz, Abt XII 120
Steinthal i. Elsaß XII 141
Steinweg, Johann II 59
Stelzen an der Itz XII 77
Stendal XI 17, 34
Stephan der Ältere, Herzog von Baiern VIII 41
Stephan, Herzog von Oberbaiern XI 23, 29
Stephan (Lanzfranna aus Wien) V 46
Stephanies XI 119
Sternberg V 122; XI 33; XII 48
Stettin I 88; II 70; XII 41, 42
Stieler II 119
Stinzing IV 82
Stockholm VIII 37
Stoeffler, Johann VII 95
Stolberg, Graf f. Christian Günther
Stolberg, Prinz von VIII 131
Stolle X 41, 98; XI 24, 52
Stölzel IV 143
Storch von Nürnberg I 51
Storenstein VIII 17
Störtebecker, Klaus II 51
Stosch X 58
Stößel XII 57
Strabo, Walafridus III 7, 12; VII 17; IX 13; X 24
Stralsund V 130; XII 26
Straßburg II 18, 106; III 57, 61, 62; V 9, 91, 102, 109, 110, 118; VIII 24, 45, 46, 52, 53, 86, 105, 109, 121; IX 57, 77, 96, 97, 111, 112, 114; X 56, 58, 74, 75, 82, 89, 91; XI 13, 23, 41, 52, 74, 75, 82, 122; XII 33, 38
Stratner XII 25
Straubing X 115
Stricker, F. E. III 126

Stricker, der (Dichter) X 36
Strigel VII 103; XII 57
Stromer, Ulman II 32; III 29
Stromer, Wolfgang Jakob V 89
Stromeyer III 121
Strunzer, Asmus II 123
Stubaital V 127
Stumpf VI 111
Sturm, Johannes IX 74, 111, 112, 114, 115
Sturm VIII 38
Stuttgart III 125; V 27; VI 102; VIII 92; IX 97; XI 84; XII 81
Stutz, Hans VIII 88
Sueton IX 74
Sulz XII 81
Sulzdorf VI 110
Sumenhart VII 72
Sunja VII 7
Suntheim VII 62
Surianus X 50
Sursee IV 97
Suso XII 97
Süß, Jud IV 106; XI 84, 86
Süßkind XI 64
Süßkind von Trimberg XI 8
Sverrir, König II 19
Swemmel X 40
Swipdagr III 7
Sybilla, Herzogin von Brieg V 60
Sybilla, Markgräfin von Brandenburg V 113
Sylvester, Heiliger III 55
Syrakus III 110

Tachau VIII 17
Tacitus I 6, 44; II 9; IV 9, 15, 21; VI 78, 89; VII 75; X 7, 12, 24
Tagliacossa III 39
Tagliacozzo X 53
Tangermünde XI 34; XII 78
Tannhäuser VI 34; X 24
Tasiß, L., von Lichtensee IV 90
Taubmann, Friedrich VII 122
Taucha V 84
Tauenzien, von I 151
Tauler XII 97
Taylor, von III 126, 127
Tegernsee IX 17

Teniers VI 98, 122
Terenz VII 91; IX 16, 54, 55, 68—70, 112, 129
Tesser X 126
Tetzel, Christoph VIII 80
Tetzel, Joachim VIII 128
Texeira, Diego XI 71
Texeira, Manuel XI 71
Thaer, Albrecht von VI 131, 132
Theoborich der Große VI 12; VII 10; IX 7
Theodosius II., VIII 9
Theognis IX 114
Theophrastus IX 129
Things IV 9
Thomas a Kempis XII 97
Thomas von Aquino II 33; VII 25, 26, 40; IX 77
Thomasius VII 142; XI 100, 114
Thomasius, Christian VII 125, 129
Thomasius, Gottfried VII 136
Thorn II 70
Thüngen VIII 41
Thule VII 70
Thurneißer, L. III 90
Tiel II 18
Till Eulenspiegel VI 95; VII 55, 56
Tilly I 85; XII 76, 78
Tollat von Vochenberg, Johannes III 87
Tor IV 15
Torrisani II 84, 94
Tournay V 13
Tours VII 9; IX 10
Toxites VII 108
Trager, Ulrich II 43
Trapp IX 121
Tratziger III 86
Trautson, Brigitta, Freiin von V 125
Trebbin XI 43
Treitschke, von I 157
Trier II 83; VII 28; VIII 14, 20; IX 19, 24, 77; XI 33, 41, 42
Triller, D. W. III 120
Trimberg s. Hugo von
Trismegistos, Hermes VII 110
Tristan III 8; X 25, 32
Trithemius von Trittenheim VII 91, 96; XI 32
Troll IV 128
Trommsdorff, Bartholomäus III 123

Trotzendorf IX 111, 115
Troyes X 88
Truchseß, Georg von s. Waldburg
Trutvetter, Jodocus VII 72
Tübingen III 25; IV 72; V 107; VI 102; VII 28, 41, 64, 72, 103, 109; IX 31, 78, 89, 91, 97, 120
Tucher, Cordula IX 66
Tucher, Endres VIII 68, 73
Tullian, Lips X 103
Tungern, Arnold von VII 68
Tuotilo IX 13

Uhland V 76
Ulfila VII 6—8
Ulm I 16; II 58; III 46; V 116; VIII 46, 86, 87; XI 23, 33, 41, 50
Ulrich, Graf von Württemberg III 21; V 20
Ulrich, Herzog von Württemberg V 103; VI 102, 106; VII 103
Ulrich von Lichtenstein V 56; VII 11; IX 41; XI 8
Ulrich von Richenthal X 64
Ulsen, Dietrich III 64
Unwan VIII 12
Untergrumbach VI 100
Urban, Franz X 115
Ursula, Heilige IX 34
Ursula von Brandenburg V 112

Vadian VII 113
Valentin III 114
Valentinus Basilius III 93
Valory, Marquis von I 153
Vatter von Mellingen, Hans X 105
Vechlin, Conrat II 45
Veckinchusen, Hildebrand II 60
Veit, Heinrich VIII 110
Veit, Heiliger III 61
Velten, Johannes X 22
Velthusen, Joh. Caspar XII 142
Venedig II 36, 38—40, 43—45, 66, 69, 88; III 23, 32, 107, 108; IX 42; X 113; XI 7
Venetz, Antoni IX 59
Venloo IX 66
Vergilius, Polydor VI 38
Verocht, Cornelius X 114
Verona V 109
Vesalius, Andreas III 69

Viati II 84

Vicko ſ. Gelderſen

Villanovus ſ. Arnoldus

Villingen III 79; V 90; VI 95; XI 24

Vincentius von Mantua I 87

Vineta II 14

Virgil VII 12, 43, 70, 75; IX 16, 46, 69, 78, 112, 114

Viſcher, Michel II 56

Vivareſe VII 10

Vivian X 108

Viktum XI 24

Vogt, Friedrich X 22

Volckamer, Friedrich VIII 38

Völcker III 112

Volker X 44

Vollarg X 42

Voltaire III 126; VII 83; XI 118

Voß VI 137; XI 116; XII 143—145

Wachtendonk V 95

Wächtlin, Hans III 82

Wackernagel, W. IV 100

Wald, Samuel Gottlieb VII 143

Waldburg, Georg, Truchſeß von VI 107, 110

Waldburg, Johann, Truchſeß zu II 75

Walddorf XII 115

Waldkirch, Rudolph von IV 66

Waldſaſſen VIII 17, 18

Wali III 6

Wallenſtein I 78, 82; IX 86, 88, 90

Wallis V 37

Wallort, Peter VIII 88

Walram, Graf von Zweibrücken XI 11, 13

Waltensburg IV 52

Walther, Bernhard VIII 36

Waltherin, Margaretha X 125

Walther von der Vogelweide X 24, 28, 54

Wartburg I 86

Wate I 45; III 6

Weber von Arnſtadt, Johann X 107

Wechel VII 113

Weckherlin VII 124

Weigant, Friedrich VI 108

Weigel, Erhard VIII 38; IX 130

Weiler X 91

Weimar VII 113; XII 20, 78

Weingarten V 81; VI 110

Weinsberg VI 107

Weinsberg, Drutchen von V 124

Weinsberg, Hermann von II 79; V 23, 39, 40, 42, 44, 45, 58, 59, 62, 75, 76, 79, 98, 106, 107, 116, 120, 122—124; XI 53

Weinsberg, Konrad von V 122; XI 26

Weinsberg, Marie von V 124

Weiſe, Chriſtian V 114

Weiß, Chriſtoph X 125

Weißenburg III 11

Weißenburg, Otfried von IX 13

Weller, Hieronymus V 117

Wels VIII 64

Welſch III 112

Welſer, Anton II 45, 46, 52; VII 88, 127; XI 32

Wendhagen V 36

Weniger, Konrad IV 52

Wenzel, König IV 50; VIII 17; X 93; XI 25

Werbel X 40

Werdenberg, von V 91; ſ. a. Haug

Werdenberg, Gräfin V 18

Werenhard von Steinsberg X 41

Werlhof III 120

Wernecke, Johann III 69

Werneke IV 42

Werner, Johann VIII 36

Werner, Pfeifer von Alzei X 88

Wernerus, Apotheker III 29

Wernher, Burggraf VIII 27, 90

Wernher der Gartenäre VI 34, 76

Wernigerode IX 102

Wertheim XII 114

Wertheimer XI 75

Weſenbeck VII 103

Weſtphal, Joachim VII 119

Weſtrumb III 116

Wichmann, Erzbiſchof von Magdeburg X 32

Wichmann, Michel V 102

Wickram, Georg V 75

Widmann, Jörg X 113

Wieland der Schmied VIII 8

Wien II 70; III 25, 114; IV 72, 90; V 107; VII 28, 62, 64, 65, 77; VIII 36, 41, 92, 105, 130; IX 19, 33—35, 37, 53, 54, 71; X 88, 89, 113; XI 28, 75, 80, 84

Wiesbaden III 50
Wiesloch I 85
Wigand VII 99; XII 57
Wildbad III 49, 50; XI 84
Wildensinn, Paulus VIII 79
Wildenstein V 21
Wilhelm I., König I 157
Wilhelm I., Landgraf von Hessen IX 40
Wilhelm I., Herr von Rappoltstein X 91
Wilhelm IV., Landgraf von Hessen-Cassel VII 113
Wilhelm V., Herzog von Baiern V 95
Wilhelm, Bischof von Straßburg X 92
Wilhelm Friedrich, Markgraf von Ansbach XI 88
Wilhelm, Herzog von Jülich V 113
Wilhelm, Herzog von Sachsen V 20; XI 24
Wilhelm, Landgraf von Thüringen XI 23
Wilhelm, Graf von Schaumburg-Lippe I 156
Wilhelm, Prinz von Hessen V 113
Wilhelm von Champeaux VII 21; IX 17, 18
Wilhelm von Holland VII 26
Wilhelm von Orange II 24
Wilhelm s. a. Fürstenberg und Henneberg
Willigis, Erzbischof von Mainz IX 17
Wilwolt von Schaumburg X 92, 98
Wimâr zu Munléun II 31, 32
Wimpfen II 49
Wimpheling II 72, 74; V 29; VII 72, 80; IX 46
Winckelmann VII 130, 142; IX 123
Winkel III 24
Winkelried, Arnold I 18, 44
Winterthur IV 98, 114; V 34, 82, 105
Wipo VII 13
Wisby II 34, 69
Wismar II 50; III 29, 136; X 58
Witege VIII 8
Wittenberg III 25, 65, 120; VII 28, 64, 109;
     IX 68, 73, 78—80, 89; XII 31, 39, 41, 42,
     44, 90
Wittenweiler, Heinrich VI 70, 74, 92
Wittige X 30
Wizlaw II., Fürst von Rügen XI 11
Wodan III 6
Wohlgemuth III 135
Wöhrd VIII 49, 51, 120, 131
Wolf (Wolff), Christian von VII 129, 131, 132,
     142; XI 100
Wolf, Fried. Aug. VII 130; IX 123, 133

Wolf, Hieronymus IX 102, 111
Wolf, Johannes V 99
Wolfenbüttel XII 67
Wolfram von Eschenbach II 23, 31; VI 74; VII
     11; IX 41; X 28, 41; XI 54
Wolfstein-Pyrbaum, Hans Adam Freiherr von
     V 27
Wolgast I 110
Wolfe IX 121
Wolkenstein, Oswald von V 105
Wöllner XII 136
Worms I 26; II 12, 18; VII 13; VIII 27, 86;
     X 36, 58, 72, 73; XI 8, 11, 17, 27, 35, 41,
     44, 56, 60
Wörth XII 81
Woudanus J. C. III 101,
Wouwer, Johann VII 113
Wrangel, von I 118
Wrede, H. von III 121
Wunsch, Mathes X 123
Wurm IV 54
Wurmbrand X 108
Wurtzelbauer VII 138
Würzburg III 29, 47, 72; V 92; VI 95, 100,
     108, 110, 111; VII 9, 28; VIII 62, 64, 92;
     IX 17, 89; X 7, 51, 65, 77, 82
Würzburg, Bischof von IV 127
Wyle, Niclas von X 23
Wysard, A IV 68

Xenophon IX 114

Zabern III 62
Zabig XI 125
Zasius VII 80, 83
Zedler II 125
Zeidler XII 92, 101
Zenobi, Caulier Loysa X 123
Zerbst IX 97; XI 28
Zick, Stephan VIII 39
Ziethen von I 137; V 69
Zimmermann, Barthol. III 75, 77
Zimmermann, Joh. Liborius V 107
Zimmern, Anna von V 45
Zimmern, Bärbelin von V 21, 42
Zimmern, Froben Christoph von V 45, 122
Zimmern, Gottfried von V 61, 91

Zimmern, Gottfried Wernher, Freiherr von
   V 21 42, 45, 61
Zimmern, Werner von II 79
Zink, Burkhard II 38, 79; V 114; IX 57
Zisła I 11
Zittau VIII 92, 130
Ziu IV 9
Zorlyne von Dieburg XI 11
Zorndorf I 141

Zschokke VI 137
Zug IV 128
Zürich II 18; III 24; IV 93, 113, 123, 129;
   V 37, 61, 73, 76, 82, 91; VI 104; VII 118;
   VIII 48; IX 55, 63, 97; XII 38
Zwickau VI 104
Zwingli VII 78; IX 63; XII 38
Zwolle IX 68

Berichtigungen und Ergänzungen
der Bilder-Unterschriften

Mon. I S. 12 Abb. 11 statt „Jacobs des Großen" lies „Jacobs des Älteren"

S. 14 Abb. 14 statt „Köln, Quentel ca. 1480" muß es heißen „Augsburg, Hans Schönsperger 1487"

S. 28 Abb. 30 statt „Hakenknecht" lies „Hakenschütz"

S. 29 Abb. 31 die Worte „von H. Burgkmair (1473—1531)" sind zu streichen

S. 36 Abb. 39 statt „Flambergen" lies „Biedenhändern"

S. 80 Die Nrn. 90 u. 91 sind in 92 und 93 abzuändern

S. 103 Abb. 121 statt „ca. 1730" muß es richtiger heißen „um 1750"

S. 114 Abb. 132 Das Plakat stammt aus dem Jahre 1761

S. 147 Abb. 167 Die Jahreszahl ist in „um 1770" abzuändern

S. 154 Abb. 174 Der Druckfehler 1772 ist in 1771 zu berichtigen

Mon. II S. 24 Die Nr. 20 ist in 21 abzuändern

S. 60 Abb. 59 statt „Evangelienbuch" muß es „Spiegel menschlicher Behaltnis" heißen

S. 87 Abb. 91 Dieses Blatt ist von Anton Sorg in Augsburg gedruckt

S. 111 Abb. 118 nicht Hamburg, sondern Wismar ist dargestellt

Mon. III S. 11 Abb. 7 Das Buch ist von Peter Friedberg in Mainz um 1494 gedruckt

S. 22 Abb. 21 statt „Lübeck" muß es „Simon Koch in Magdeburg" heißen

S. 38 Abb. 38 „Ausbrennen von Hämorrhoiden" statt „Anwendung eines Klystiers"

S. 101 Die Nr. 112 ist in 113 zu ändern

Mon. IV S. 30 Abb. 26 Diese Ausgabe ist nicht in Köln, sondern von Johannes Pryß in Straßburg gedruckt

Mon. V S. 38 Abb. 35 Dieses Blatt ist von Wenzel von Olmütz nach dem Hausbuch-Meister gestochen

S. 101 Abb. 114 Ulrich Pinder ist der Name des Verfassers. Den unbekannten Drucker nennt man den „Drucker der Sodalitas Celtica"

S. 108 Abb. 120 Die Jahreszahl 1477 ist ein Druckfehler für 1497

S. 109 Abb. 121 Diese Initiale wurde für Geilers von Keisersperg „Evangelibuch" Straßburg, Grüninger 1515, angefertigt

Mon. VI S. 17 Abb. 15 Dieser Holzschnitt ist eine Arbeit des Jörg Brew

S. 47 Abb. 49 Die Practica ist nicht in Halle gedruckt, sondern anscheinend von Martin Landsberg in Leipzig

S. 140 Abb. 159 statt 1772 ist 1771 zu lesen

Mon. VII S. 42 Abb. 38 sowie Abb. 39 auf der folgenden Seite stammen aus des Rodericus Zamorensis Der Menschen Spiegel. Augsburg, Peter Berger 1488

S. 132 Abb. 118 Die Jahreszahl ist nicht 1610, sondern 1670

S. 136 Abb. 122 Das Kupfer ist von Hieronymus Wiscard

Mon. VIII S. 80 Abb. 78 Die Unterschrift muß lauten: Tuchscherer beim Scheren von Tuch

Mon. IX S. 17 Abb. 13 nicht Papst Gregor, sondern Thomas von Aquino

S. 18 Abb. 14 statt 1475 muß es 1490 heißen

S. 23 Abb. 18 nicht von Hans Baldung, sondern von Hans Wechtlin

S. 24 Abb. 19 Der Holzschnitt stammt aus Florio und Bianceffora, Metz, Kaspar Hoch-
feder 1499

S. 36 Abb. 27 der Drucker ist nicht Quentell in Köln, sondern Konrad Hist in Speyer
um 1496

S. 37 Abb. 28 der Name des Druckers ist Cornelius von Zürichsee

S. 38 Abb. 29 Der Drucker ist Richard Paffroet in Deventer

S. 52 Abb. 44 Der Holzschnitt stammt aus den Expositiones Aristotelis, Köln, H. Quentell
1497

S 58 Abb. 49 Der Drucker ist Johannes Zainer in Ulm

S. 77 Die Nr. 68 ist ein Druckfehler für 63

S. 104 Abb. 89 Die Kirche ist die ehemalige S. Salvatorkirche auf dem Schweidnitzer
Anger zu Breslau

Mon. XI S. 19 Abb. 14 Der Holzschnitt ist ein Einzelblatt und gehört nicht zu dem Zainerschen Druck

S. 52 Abb. 42 Das Bild stammt aus dem 1483 von Konrad Dinckmut in Ulm gedruckten
Seelenwurzgarten

S. 56 Abb. 45 statt „16. Jahrhundert" muß es heißen: „um 1630"

Mon. XII S. 120 Abb. 95 und bei dem folgenden Bild ist der Name des Künstlers: J. M. Motz

Atlas A S. 2 Abb. 6 und S. 5 Abb. 16 sind nach verlorenen Originalen des Meisters E. S. kopiert

S. 15 Abb. 42 sowie die Abb. 71—81 sind Kopien nach verlorenen Originalen des
Meisters PW

S. 79 Abb. 294 nicht Hans, sondern Matthaeus Merian

S. 88 Abb. 323 ist eine Kopie nach Aldegrever

S. 98 Abb. 347 die Worte „Die Zierstücke sind nach Hans Springinklee kopiert" sind zu
streichen

S. 114 Abb. 385 P. 47 ist ein Druckfehler für P. 45

S. 144 Abb. 471 Das Bild stammt aus: a neawe treatys . . . of the nedle worcke
Antwerpen, Willem Vorsterman

S. 147 Abb. 480 1320 ist in 1520 zu verbessern

S. 228 Abb. 765 Die Ehrenpforte wurde für den Einzug des Kaisers Maximilian II. am
16. März 1565 auf dem Roßmarkt in Wien errichtet

S. 252 Abb. 858 Nähere Angaben hierzu und zu Abb. 861 bei Campb. Dodgson, Cata-
logue of woodcuts in the British Museum I p. 311 ff.

Atlas B S. 278 Abb. 937 sowie Abb. 939, 940 und 944 stammen aus dem Theatrum Europaeum

S. 299 Abb. 1023—1033 sind nicht von Hans, sondern Matthaeus Merian

S. 302 Abb. 1035 Das Kupfer ist von Matthaeus Merian und stellt den St. Peters-Platz
in Basel dar

S. 316 Abb. 1074—1076 und 1078—1080 Die Jahreszahl 1639 ist in 1739 abzuändern

S. 378 Abb. 1250 statt Herrenalb muß es Hernals heißen. Das Kupfer ist von Matthaeus
Merian aus der Typographia Austriae

S. 411 Abb. 1344 Boseitler ist in Beuttler zu verbessern

S. 419 Abb. 1373 statt „Die gulden Haus" lies „Die gulben Gans"

S. 424 Abb. 1387 statt „Franken (Alt-Oehringen)" lies „Altbayern (Alt-Oetting mit
Gnadenkapelle)"

S. 441 Abb. 1430 lies: Auswerfen von Münzen bei der Krönung Josephs I. zum König
von Ungarn in Augsburg 1690

S. 485 Abb. 1538 statt „Marktplatz zu Göttingen" lies „Liebfrauenberg in Frankfurt a. Main"

S. 497 Abb. 1569—1572 sind nach französischen Stichen vom Jahre 1676 kopiert

Inhalts-Uebersicht

I. Künstlerverzeichnis 1

II. Blätter unbekannter Meister 57

III. Städtebilder 65

IV. Bildnisse 73

V. Bücherverzeichnis 77

VI. Handschriften, Federzeichnungen, Miniaturen . . 87

VII. Verschiedenes 88

VIII. Verzeichnis der Abbildungen nach kulturgeschicht-
lichen Gesichtspunkten 88

Anhang: Textregister zu den Monographien . . 102

Berichtigungen 130

Druck von W. Drugulin in Leipzig